AF561235

Pour le Tchad

Moussa MEDELLA YOUSSOUF

Pour le Tchad

Récit au cœur de la révolution

Préface de Hassan Mahamat Abbas

L'Harmattan

5-7, rue de l'Ecole-Polytechnique, 75005 Paris

http://www.harmattan.fr
diffusion.harmattan@wanadoo.fr
harmattan1@wanadoo.fr

ISBN : 978-2-343-03025-8
EAN : 9782343030258

DÉDICACE

Aux martyrs de la révolution tchadienne, qui ont marqué le chemin de la liberté par leur sang ;

Aux générations tchadiennes, actuelles et futures…pour qu'elles tirent les leçons du passé ;

Aux amis et frères qui ont été fidèles à la cause de la révolution tchadienne ;

A tous ceux qui militent pour la liberté et l'indépendance du Tchad.

Moussa Medella Youssouf

REMERCIEMENTS

C'est depuis 1985 que les balbutiements de ce livre ont commencé. Aujourd'hui, il est entre vos mains grâce au concours de M. Hassan Mahamat Abbas, aux encouragements de Messieurs Abdelkhader Yacine et Mahamat Saleh Kherassid. A la contribution active du Centre Al-Mouna et ses responsables sans lesquels cet ouvrage n'aurait certainement pas vu le jour. En particulier sa directrice, Sœur Géraldine Alezeau, son président du conseil d'administration Dr Mahamat Saleh Yacoub qui a relu et corrigé le manuscrit ; Issa Mahamat Tomoullé et Djimlem Augustin Ngaramadji qui ont, eux aussi, apporté des corrections ; Ghazali Mahamat Idriss pour avoir traduit une partie du texte et enfin Djerané Charlot et Alain Djimassal pour la saisie et la mise en page. Je n'oublie pas également mon épouse Achta Mahamat Ali qui a toujours été à mes côtés, y compris dans les moments difficiles, mes enfants Mahamat Medella, Seïd Medella, Ali Medella et Adam Medella, qui m'ont fait des remarques pertinentes et à tous ceux et toutes celles qui m'ont aidé financièrement, matériellement et moralement à arriver au bout de ce dur labeur.

Qu'Allah le Tout Puissant les comble de ses bienfaits.

Préface

Ce livre est très important pour celui qui s'intéresse au Tchad et à la révolution tchadienne.

L'auteur a rejoint cette révolution dès son jeune âge. Il y fit son éducation et se façonna dans sa lutte. Il y passa une grande partie de sa vie et finit par en devenir l'un des leaders. Il a laissé des traces indélébiles dans le Frolinat et passant par ses périodes de hauts et de bas, il en est sorti pur comme l'or.

Je l'ai connu au milieu des années 80, préoccupé par la révolution, ses objectifs et ses principes.

Moussa Medella appartient à une famille honorable dont la filiation remonte au royaume hachémite de Doha, une société bédouine où ne règne que celui qui occupe une place d'honneur. Son éducation a modelé son comportement et lui a fait aimer les principes, à la fois nobles et purs, de la culture arabo-islamique. En lui sont réunies la foi religieuse et les bonnes manières. C'est un homme très poli et fidèle aux idéaux pour lesquels le Frolinat a été créé. Les voyages qu'il a effectués dans la péninsule arabique, au Moyen-Orient et en Irak lui ont fait voir dans la victoire des révolutions arabes, un reflet du Frolinat. Il s'est formé dans les rangs de la révolution palestinienne qu'il a toujours considérée comme sœur jumelle du Frolinat ; la cause palestinienne étant pour lui le prolongement asiatique, et le Frolinat le prolongement africain, d'une seule et même révolution.

Pour les générations tchadiennes actuelles et futures, pour qu'elles puissent relire leur histoire et la méditer, Moussa Medella nous dévoile des informations historiques inédites et des secrets qui éclairent les zones obscures de cette période. Il mentionne avec beaucoup de délicatesse le parcours de certaines personnalités, mais il montre aussi comment le Frolinat fut lésé par certains et, comme le dit l'adage, « léser un proche laisse un goût amer sur la langue ».

A cause de son attachement à l'indépendance et à la souveraineté de son pays, l'auteur a eu bien des divergences avec ses alliés et ses amis.

Moussa Medella aborde aussi, avec objectivité, les erreurs qui furent commises durant le parcours de la révolution.

Pour lui, il est impossible de se départir de la réalité géographique et culturelle. Il aborde en connaisseur, les relations du Tchad avec la France et la Libye, leurs avantages et leurs inconvénients passés et actuels. Il met le doigt sur la plaie, révèle les maux et propose le remède approprié en espérant que ces deux pays traitent avec le Tchad comme avec un pays souverain méritant le respect.

Ce livre porte un jugement sans complaisance sur certains événements et certaines personnalités. Certains le trouveront dur. Cependant, Moussa Medella les juge avec recul et objectivité. Lorsque les frères ennemis se font la guerre, que le sang coule à flots et que la sagesse fait défaut, laissant place à la vengeance, c'est la nation qui perd.

Ce livre écrit par l'un des leaders de la révolution tchadienne est une référence incontournable pour le chercheur, l'étudiant et tous ceux qui s'intéressent au Frolinat, mouvement qui a inspiré beaucoup de révolutions africaines…

J'ai beaucoup apprécié ce livre et, grâce à Moussa Medella, je me suis remémoré cette période de l'histoire tchadienne pendant laquelle j'ai tissé des liens d'amitié avec les leaders de ce pays. J'espère que, à son exemple, Al Hadj

Mahamat Abba Seïd, leader vivant de la révolution – que Dieu lui prête longue vie – écrive à son tour, pour les générations futures et l'histoire de son pays ; quelle fut son expérience… car les paroles s'envolent, mais les écrits restent.

Hassan Mahamat Abbas,
Président du parti Baas en Afrique Centrale / Est,
Khartoum, août 2005.

Introduction

Aucune révolution au monde n'a été aussi lésée que la révolution tchadienne. Beaucoup pensent qu'elle n'a pas réussi à atteindre ses objectifs, qu'elle n'a pas réussi à provoquer un profond changement social dans la vie des tchadiens. Je ne suis pas de cet avis. Même si elle n'a pas atteint tous ses objectifs, la révolution tchadienne a réalisé de grandes choses telles que la suppression du pouvoir individuel, l'instauration de l'égalité entre les fils d'un même pays et la suppression de la ségrégation fondée sur les croyances, les ethnies et les cultures.

Le Tchad est comme un pont qui relie le Nord et le Sud d'une part, et l'Ouest et l'Est d'autre part du continent. Son histoire est bien connue. La détérioration de la situation dans ce pays n'est un mystère pour personne. Cela ne doit cependant pas empêcher que des recherches soient menées pour éclairer encore davantage ce qui s'est passé et ce qui se passe actuellement au Tchad. La connaissance des problèmes du pays sous leurs multiples facettes doit aider à trouver des solutions.

Cet essai a pour sujet principal la révolution tchadienne. Je voudrais rappeler ici que mon travail se fonde sur des données recueillies au cours de mon activité politique au sein du Gouvernement d'Union Nationale en 1979 et au sein du front politique que j'ai dirigé. Je rapporte des faits qui font rire et d'autres qui font pleurer. Je mentionne les obstacles et les secrets qui ont jalonné le parcours de la révolution et de la lutte politique dans notre pays.

Ceci n'est qu'une modeste contribution. Nous espérons sincèrement que tous les cadres de la révolution mettent à leur tour par écrit, le récit de leur expérience de la révolution, dans ses victoires et ses défaites ; ses bons et mauvais côtés pour permettre aux nouvelles générations de bâtir leur avenir.

Pour bâtir son avenir, le Tchad doit connaître son passé. Il doit aussi avancer en suivant les principes de la révolution : l'unité des Tchadiens, la démocratie basée sur la liberté et le pluralisme politique, la modestie de tout un chacun pour mettre fin à la politique de violence et à la guerre civile. Ce livre est un appel au travail de tous pour atteindre un développement durable réel dans tout le Tchad.

Je salue et félicite tous ceux qui militent pour la liberté et tous les Tchadiens et tchadiennes qui ont souffert de la colonisation sauvage et de la cupidité des sultans, agents de la colonisation.

Je salue et je félicite également du fond du cœur tous les mouvements de libération nationale et ceux qui soutiennent les hommes et les femmes qui réclament leurs droits, ceux qui militent pour la liberté, l'indépendance et la souveraineté de leur peuple et, en premier lieu, nos frères de la Palestine et tous ceux qui combattent l'impérialisme et le sionisme.

Étant donné la rareté des publications sur les problèmes tchadiens, je voudrais que ce livre soit accessible à tous. Beaucoup de personnes intéressées par le sujet m'ont encouragé en ce sens, surtout Messieurs Abdelkader Yacine, ambassadeur itinérant, représentant au Frolinat en Algérie, ex-secrétaire d'Etat au ministère de l'Intérieur du G.U.N.T. et Mahamat Saleh Kherassid, d'origine tchadienne, enseignant à Koufra (Libye).

A la fin de cette introduction, je voudrais m'excuser d'avance auprès de ceux qui auraient senti que certains de mes propos apparaissent incorrects à leur égard. Il m'est arrivé de critiquer politiquement certains camarades dans certains passages de mon livre, mais je n'oublie pas leur côté positif ; qu'ils sachent que je n'ai aucune rancune envers eux. Je n'ai fait que relater l'histoire du parcours du Frolinat, fut-il bon ou mauvais. Je présente donc mes excuses à ceux qui pourraient être offensés par mes propos, car ce n'est pas par manque de respect à leur égard. Cependant un célèbre proverbe n'a-t-il pas dit : « Toute vérité n'est pas bonne à dire ». Je n'ai donc pas dit tout ce que je sais. J'emporterai certaines choses graves dont j'ai eu connaissance avec moi dans ma tombe.

Moussa Medella

Président du Front Occidental –
Forces Occidentales, 3ème armée.
Ancien ministre de la Santé et des Affaires sociales.

Bref aperçu sur le Tchad

Situé au centre de l'Afrique, le Tchad est bordé à l'Est par le Soudan, au Sud par la République Centrafricaine, à l'ouest par le Cameroun, le Nigeria, le Niger et au Nord par la Libye. Il regroupe de nombreux peuples d'origines diverses, des hamitiques et des sémitiques, des « nègres », des berbères et des arabes. Ces peuples ont entretenu entre eux dans l'histoire des relations commerciales et sociales, mais ces relations n'étaient généralement pas amicales : les tribus les plus puissantes menaient des razzias contre les tribus les plus faibles ; des guerres opposaient les sultanats et les royaumes tchadiens du Kanem, du Ouaddaï et du Baguirmi.

L'arrivée de l'Islam au Tchad a permis d'effacer beaucoup de préjugés et de développer un esprit de fraternité et de bon voisinage. Il y eut aussi un mouvement vers un approfondissement de l'unité nationale : beaucoup de personnes originaires d'autres régions sont entrées sous la protection du royaume du Kanem lorsqu'elles se sont converties à l'Islam. Cette religion a joué un grand rôle dans cet esprit de solidarité. Le nord du pays, dans le sud du Sahara est la région qui, selon Mahamat Saleh Kherassid, fut la plus influencée par l'Islam. On dit que l'Islam est entré au Tchad au 5ème siècle de l'hégire, en passant depuis le golfe de Syrte en Libye vers Zouila puis Marzouk, Goutron, Aldahtami, Al Djadam, Darkoua, Balija, Birni Kazawa et enfin Nedjma à côté de Ngueguemi au nord du Lac Tchad.

La ville de Nedjma était la capitale du royaume. Le premier à y apporter l'Islam était un homme du nom d'Oumar Lélé, originaire du Yémen, descendant de la famille Seïf Bin Yazin. Lorsqu'on lui demandait d'où il venait, il répondait « de la mer de Noé ». Lorsque Oumar Lélé arriva dans le royaume, certains se convertirent, d´autres pas. Les autochtones devenus musulmans lui servirent de guide. Ils le menèrent à Nejma où se trouvait le roi Aoumim ou Almi ou Dabalmi. Dès leur arrivée à côté de Ngueguemi, Oumar Lélé et ses compagnons entreprirent de prêcher l'Islam et beaucoup de personnes adhérèrent à l'Islam. Ceux qui ne se convertirent pas se déplacèrent vers le Darfour et le Nil Bleu. Oumar Lélé et ses compagnons s'installèrent à côté de Ngueguemi. Une délégation de Touareg vint se joindre à eux et commença à prêcher l'Islam, surtout au sein des tribus Sao. Il y eut des conversions comme celles des habitants de Kazourmo où la délégation s'installa. Cette ville était voisine et sous le contrôle de la ville à côté de Ngueguemi qui demeura la capitale jusqu'au règne de Mahamat Allamine Al Kanimi qui, plus tard, donna son nom à toute la région du « Kanem ».

Seule la partie nord du Tchad fut influencée par l'Islam. Le sud demeura animiste jusqu'à l'arrivée de la colonisation qui apporta avec elle le christianisme. Selon Mahamat Saleh Kherassid, les animistes sont toujours majoritaires au sud.

Si nous commençons par évoquer la diversité des ethnies et des croyances religieuses au Tchad, c'est parce que le problème tchadien tourne autour de ces deux questions : la religion et l'ethnie auxquelles il faut bien sûr ajouter celles de la colonisation européenne et de l'ingérence de certains pays frontaliers ayant pour seule intention de nuire au Tchad ou de profiter de ses richesses. De par sa topographie et son climat varié, le Tchad est considéré comme un pays avec un bon potentiel économique : il a d'importantes ressources minières dont du pétrole, des richesses halieutiques, animales, agricoles et industrielles variées. Il devrait occuper une place de choix s'il avait eu un développement équilibré et durable.

MOUSSA MEDELLA YOUSSOUF

Né à Melléa (Kanem) en 1953, j'ai été envoyé dès l'âge de 6 ans à Dourbali, où j'ai suivi les cours de l'école coranique, puis à Fort-Lamy, à partir de 9 ans, pour être inscrit à l'école arabe. A 16 ans, je suis allé au Soudan pour y poursuivre mes études.

J'ai adhéré au Frolinat en tant que combattant le 30 mai 1976. C'était au sein de la cellule des comités populaires implantés en Arabie Saoudite. Du 29 décembre 1977 au 30 juin 1978, j'ai suivi des formations militaires. La première eut lieu dans les rangs de l'OLP au sud du Liban et la seconde en Syrie, pour un stage de deux mois à l'académie militaire.

Après l'académie militaire je suis directement revenu au Lac Tchad. Lors de la formation du bureau exécutif de la 3ème armée, on me confia le portefeuille des relations extérieures. J'ai sillonné toutes les capitales arabes pour coordonner les activités de nos militants avec celles des engagements militaires sur le terrain.

Les raisons qui m'ont poussé à prendre les armes contre le régime d'alors, sont multiples.

Il y avait en premier lieu les bavures et l'hégémonie de l'administration néocoloniale. Cette administration, composée essentiellement de gens du Sud, n'avait aucun respect pour les gens du nord et privait ceux-ci de tous leurs droits de citoyen que ce soit à l'école, dans l'armée, dans la fonction publique et/ou même dans la vie civile : le port du turban et du couteau était strictement interdits par ces fonctionnaires qui eux par contre, portaient des armes de poing et humiliaient tout le monde comme bon leur semblait. Les éleveurs et les agriculteurs payaient deux à trois fois par an la taxe civique et même celle des femmes et du bétail. Cet argent servait à ces administrateurs d'envoyer leurs enfants faire des études et former leurs cadres. Des femmes autochtones à l'extrême nord du pays étaient systématiquement rasées pour s'être battues avec les femmes des fonctionnaires ou militaires sudistes, alors que les femmes originaires du Sud narguaient les autres et les insultaient dans les bars. Les femmes nordistes étaient entrainées contre leur gré pour boire un verre de bière avec les militaires ou les autres fonctionnaires…La vie était dure pour les nordistes...

Une autre raison de mon adhésion au Frolinat était la nécessité de la conquête de l'indépendance du pays.

Les colonisateurs français arrivés au début du 20ème siècle se sont installés dans la zone animiste puis se sont déployés petit à petit dans les autres parties de ce qui deviendra plus tard le Tchad, après avoir recruté des autochtones pour aider leur œuvre de colonisation. Lorsque la Seconde Guerre mondiale éclata, la France Libre s'est tournée vers les colonies pour leur demander de combattre à ses côtés l'Allemagne nazie. Il était convenu qu'en contrepartie les territoires concernés obtiendraient leur liberté et leur indépendance. Le peuple tchadien a entendu l'appel et a participé à la libération de la France et de l'Europe, mais les promesses ne furent pas mises en application par le nouveau pouvoir français. Les Tchadiens ne virent que le mirage de promesses fallacieuses.

En 1946, les français promulguèrent une loi en faveur de la liberté d'opinion et de la création de partis politiques. Cela était fait pour préparer l'indépendance, mais l'indépendance véritable, complète, doit englober les volets politique, économique et culturel.

Lorsque les pays colonisateurs décidèrent d'abandonner leurs colonies, ils firent en sorte d'y garder une grande influence. Parmi les tactiques possibles il y avait la nomination aux postes de responsabilité, des personnes ayant fait œuvre d'allégeance. Cela permettait aux anciens colons de tenir de fait les rênes du pouvoir. Le Tchad ne fit pas exception à la règle. Les Français ont donné à

Tombalbaye les moyens de prendre le pouvoir avant leur départ, puis la marge de manœuvre nécessaire pour arrêter ses adversaires et s'ériger en dictateur.

Après Lisette, Sahoulba Gontchomé du Groupement des Indépendants et Ruraux du Tchad (GIRT), fut nommé Premier ministre en février 1959. Ce fut le premier tchadien à occuper le poste de Premier ministre. C'était un musulman du Mayo-Kebbi. Mais Sahoulba fut remercié après deux mois seulement sous la pression des sudistes qui n'acceptèrent pas d'être dirigés par des nordistes et qui menacèrent de faire sécession. Il fut remplacé par Ahmed Koulamallah, président du MSA, qui ne put rester en fonction que onze jours à ce poste et fut remplacé sous prétexte qu'il était un brin trop religieux.

Les manœuvres politiques tchadiennes étaient suivies de près par les Français qui, en ces temps de révoltes arabes avec Nasser en Egypte ou le FLN en Algérie, craignaient qu'une personne prenne le pouvoir en rassemblant autour d'elle les musulmans. Un Premier ministre fort, nordiste ou musulman, pourrait remettre en cause la présence française au Tchad et compromettre l'influence future de l'ancien colonisateur. La France a soutenu la personne qui protègerait au mieux ses intérêts et son influence culturelle, François Tombalbaye.

Ce dernier forma le Gouvernement Provisoire après la chute de Koulamallah et il dut organiser les élections fin 1959. Pour battre campagne, le PPT-RDA avait mobilisé beaucoup de personnes. Au nord, le PPT-RDA distribuait du sucre, du thé et des habits, surtout auprès des populations nomades, et les agents du PPT disaient aux citoyens musulmans que leurs candidats étaient aussi des musulmans. Ainsi, c'est grâce à l'argent et à la fraude ainsi qu'à l'ignorance et au manque de sensibilisation de la population sur le processus électoral, que le PPT remporta les élections.

Ce parti était un allié de la France qui le soutenait financièrement.

En 1960, François Tombalbaye devint Premier ministre puis, après la proclamation de l'indépendance du Tchad, président de la République. Il forma un gouvernement composé de chefs de partis et de personnalités, chrétiennes et musulmanes.

Mais les français qui soutenaient Tombalbaye ont semé la discorde entre lui et ses compatriotes du nord et il fit des erreurs. Il chassa du Tchad le président du PPT-RDA, Gabriel Lisette, sous prétexte qu'il n'était pas d'origine tchadienne alors qu'en fait, il craignait que ce dernier ne lui fasse de l'ombre. Il s'opposa aux ministres musulmans sur des thèmes comme les droits de la majorité musulmane sur le plan du travail, de l'éducation, des taxes, mais aussi sur des questions de politique internationale comme les relations avec Israël.

En 1962, Tombalbaye fut cependant réélu à la tête du pays. Ses gouvernements comportèrent de moins en moins de personnalités nordistes et de musulmans et il bascula petit à petit dans la répression. Tombalbaye devint un tyran. Il arrêtait tous ceux qui s'opposaient à lui. Il fit emprisonner de simples citoyens, des leaders, des militants. Il ne respecta pas les droits des musulmans et les éloigna du travail et de l'éducation.

La crise atteint son paroxysme dans la nuit du 22 mars 1963 quand Tombalbaye donna l'ordre d'arrêter Mahamat Abdelkérim, président de l'Assemblée nationale, Issa Allatchimi, secrétaire d'État à la présidence, Abbo Nassour, ministre d'État chargé de la Fonction publique, Ali Kosso, député et ancien ministre de la Justice, Bourma Mahadi, député du Ouaddaï, Issa M'Bodou et Baba Hassan, Haut-commissaire général au Plan. Il fit aussi expulser Djibril Kherallah (ministre) et Jean-Baptiste (maire de Fort Lamy et chef du parti UDIT). Ces personnes furent jugées par une cour criminelle spéciale de justice qui, le 24 juillet 1963, condamna les deux personnalités à mort et infligea de lourdes peines aux autres.

Cela n'empêcha pas les protestations contre les dérives du système Tombalbaye. Les réunions politiques furent interdites par le gouvernement. Mais le 16 septembre 1963, une réunion entre Jean Baptiste et Ahmat Koulamallah chez Djibrine Kherallah, attira l'attention des forces de l'ordre. La tentative d'arrestation des leaders nordistes donna lieu à une émeute populaire qui dégénéra. Il y eut des morts dans les deux camps. Jean-Baptiste, Djibrine Kherallah et Ahmed Koulamallah furent arrêtés.

Ahmed Koulamallah, ex-Premier ministre fut emmené à Massenya, son village natal où il subit le comble de l'humiliation : on le déshabilla, ne lui laissant qu'une culotte, puis on le fit enfourcher un âne à l'envers alors que sur son front, on avait tracé une croix avec de la craie. L'âne avait une bride que Youssouf Abakar tenait pour le guider. Plusieurs responsables politiques comme Jean-Baptiste, furent exécutés et d'autres comme Ahmat Kotoko furent expulsés sous prétexte qu'ils n'étaient pas de « vrais » tchadiens.

Depuis lors, les Tchadiens considèrent le 16 septembre 1963 comme étant le dernier jour de la liberté d'expression et de la démocratie et l'aube d'une nouvelle ère : celle de la dictature.

Le régime de Tombalbaye harcelait aussi les populations avec des taxes. En 1964, Tombalbaye signa un décret pour collecter un « emprunt national » avec des catégories : la première catégorie imposée (10.000 FCFA) correspondait à la classe des riches, la seconde (5000 FCFA) correspondait à une classe moyenne, la troisième (3000 FCFA) concernait les personnes les moins aisées et la quatrième (500 FCFA) concernait les femmes. Malgré ces catégories, les chefs traditionnels ont obligé les populations à payer beaucoup plus que ce que prévoyait le décret et cela a entraîné un soulèvement général dans la région de Mangalmé d'abord, mais aussi dans les régions du nord et de l'est. Cet impôt causa du tort à la population et la situation devenait très tendue.

Le président Tombalbaye n'était pas le seul en cause. Son administration n'avait rien à envier à son chef. En 1965, durant les événements de Mangalmé, un officier aurait coupé le sein d'une femme qu'il l'aurait jeté en pâture aux chiens. Comment peut-on comprendre cet acte gratuit et inhumain ?

J'ai moi-même été témoin de ces comportements inadmissibles des représentants de l'Etat sous Tombalbaye. Je ne citerai ici que deux exemples parmi d'autres.

Cette scène en 1968, au marché à mil de N'Djaména. Des collecteurs d'impôts ont demandé à un vieux forgeron qui devait avoir environ 70 ans de payer l'impôt. Celui-ci leur avait répondu qu'il n'avait pas de quoi payer et ils l'ont battu. Le vieux a essayé de se saisir d'un couteau pour se défendre, mais ils ont plaqué sa tête au sol avec leurs pieds et il s'est évanoui sous les coups. On le croyait mort. L'un des collecteurs d'impôt a alors tiré un fer rouge de la forge, a déchiré le pantalon du vieillard puis il lui a appliqué le fer sur la peau nue. La douleur ayant fait réagir le vieux, son tortionnaire s'exclama : « cet imbécile est encore en vie. »

Une autre fois, en 1969, encore avec des collecteurs d'impôts. J'étais sorti le matin vers 7 heures pour me rendre à l'école dite « de la Grande Mosquée ». J'ai alors vu que l'on arrêtait une voisine, Kélou. Elle avait laissé à la maison son nourrisson de 40 jours pour aller acheter du beurre. Les collecteurs d'impôts la firent asseoir au soleil jusqu'à 13 heures sans se soucier de cette maman qui leur disait que son bébé était seul à la maison. Elle a eu de la chance, car ces collecteurs d'impôts emmenaient parfois leurs victimes à 30 km de la ville, en brousse, ou encore les forçaient à nettoyer les caniveaux, sous le soleil, sans eau ni nourriture.

Les musulmans étaient souvent absents des postes de responsabilité de l'Etat à part quelques-uns qui avaient accepté de courber l'échine pour vivre avec les sudistes.

L'imam Moussa Ibrahim était l'imam des musulmans du Tchad. Il avait joué un rôle primordial tant sur le plan religieux que politique. Dans les années 70, sous le régime de Tombalbaye, il était devenu l'imam des musulmans du Tchad. Grâce à lui, le pays a bénéficié des œuvres caritatives provenant des pays musulmans et en premier lieu, de la construction de la Mosquée du Roi Fayçal. Après sa visite au Tchad en 1973, le Roi Fayçal avait promis de construire une grande mosquée au Tchad, mais Tombalbaye ne donna pas son accord. L'imam Moussa Ibrahim fit part du refus de Tombalbaye au Roi Fayçal par le biais de son ambassade. La réaction du roi ne s'est pas fait attendre. Par le même canal, il informa Tombalbaye que s'il persistait à refuser la construction de la mosquée, il aiderait alors le Frolinat avec un budget dix fois supérieur. Cette mosquée, étant la première et la plus grande institution religieuse du Tchad, elle joua un rôle religieux et culturel important. Lorsque la construction de la mosquée commença, Tombalbaye essaya de mettre les bâtons dans les roues de ce projet suite à son échec pour empêcher le soutien des pays arabes au Frolinat. Mais l'imam insista auprès de l'Arabie Saoudite afin d'achever la construction de la mosquée. On se souvient qu'en 1964, il eut une dispute entre l'imam et Tombalbaye. Laquelle dispute, amena Tombalbaye à gifler l'imam. Celui-ci riposta en le giflant à son tour et regagna son domicile en compagnie de l'imam Badaoui, attendant que d'un moment à l'autre, Tombalbaye, lui envoie des agents pour le mettre aux arrêts. Au contraire, le jour suivant, Tombalbaye lui envoya une invitation au palais. Lorsqu'il arriva au palais, Tombalbaye lui demanda : *« comment oses-tu gifler le président de la République ? »* Et l'Imam de répondre : *« comment oses-tu gifler l'imam des musulmans ? »* Sur ce, Tombalbaye lui dit : *« je me suis trompé en giflant l'imam des musulmans et tu t'es trompé en giflant le président de la République.* » Ils se sont réconciliés et dès lors le président fit preuve de respect envers l'imam Moussa Ibrahim.

Lorsque l'imam Badaoui avait accompagné l'imam Moussa chez lui, il avait fait part de l'incident à la mère de ce dernier en disant : *« ton fils a commis une faute grave en giflant le président de la République ».* Elle lui répondit alors que l'être humain ne meurt qu'une seule fois et doit réclamer son droit. Elle poussa ensuite un youyou pour approuver l'acte de son fils.

L'imam Moussa a joué un rôle important durant la révolution de 1963 lorsque de nombreuses personnes avaient fui vers le Nigeria à cause de la répression. Il est parti et a réussi à revenir sans que les autorités ne s'en rendent compte.

Les sudistes avaient une culture française et les relations traditionnelles avec les Français étaient de donner des ordres et d'interdire. Ils ont appris des Français, le mépris des musulmans. Les Tchadiens du Sud se comportaient de façon hautaine face à leurs compatriotes du Nord, essayant de leur faire comprendre qu'ils étaient les maîtres du pays et que le Tchad et tout ce qui s'y trouvait leur appartenaient. Tous ceux qui s'opposaient à cela ou essayaient de s'y opposer étaient châtiés durement ; on considérait même qu'ils ne méritaient pas d'être envoyés en prison. Le capitaine Alafi, alors sous-préfet de Bardai était un Sara originaire du Sud. Il fit raser la tête des femmes suite à une dispute entre des femmes sudistes et des femmes de la localité. Il a eu une réaction dure et ce fut la goutte d'eau qui fit déborder le vase et qui poussa le Derdeï Weddeye à rejoindre la révolution tout comme le fit son fils. Mais il permit aux élèves de fréquenter l'école.

NAISSANCE DE LA REVOLTE DU FROLINAT

La force du régime en place ne pouvait être combattue qu'avec une force équivalente. Les deux camps avaient besoin des soutiens interne et externe. Le gouvernement avait ses moyens propres, soutenus activement par la France alors, l'opposition dut réunir toutes les forces vives capables de combattre.

Le Frolinat n'a pas été créé parce que Tombalbaye était du sud, mais à cause du manque de justice sociale. N'importe quel tchadien a le droit de gouverner le Tchad, la preuve en est que le Frolinat avait en son sein des cadres sudistes comme Gali N'Gothé Gatta, le Dr Outel Bono, Hassane Boukar, Mancel Djibaye, Nadji Bassiguet et bien d'autres. Beaucoup de leaders quittèrent le Tchad, convaincus que la situation exigeait une lutte avec des moyens révolutionnaires. Il fallait aussi une approche nouvelle, capable de mettre en échec les plans du pays colonisateur qui soutenait la dictature.

Les dérives du régime de Tombalbaye et son oppression des nordistes poussèrent des leaders du Nord à quitter le Tchad et à se réfugier dans les pays voisins. Parmi ces leaders figurait Ibrahim Abatcha qui était l'un des membres les plus connus du parti Union Nationale Tchadienne (UNT)[1], et qui sera plus tard à l'origine du Frolinat.

Après le 16 septembre 1963, Ibrahim Abatcha et ses amis[2] appelèrent leurs compatriotes à combattre le régime par tous les moyens possibles. Ils étaient soutenus par la République du Ghana du président N'Krumah. Ibrahim Abatcha fit un voyage en Afrique de l'ouest puis au Soudan avant d'annoncer le début de la lutte armée.

---

[1] Il en était le deuxième secrétaire général adjoint.

[2] Aboubakar Djalabo Othman, Mahamat Taher Ali connu sous le nom de Taher Abbari, Al Hadj Moustapha Ali et Mahamat Ali Saboun.

Figure 1: Aboubakar Djallabo O., Ibrahim Abatcha et Mahamat Aboubakar Moustapha (Membres fondateurs du Frolinat)

Au Nord du Tchad, il mit sur pied une délégation avec à sa tête Aboubakar Djalabo ; cette délégation se rendit à son tour au Soudan pour expliquer aux autorités soudanaises la situation au Tchad. Ces dernières comprirent et déclarèrent leur solidarité avec la lutte entamée contre le régime de Tombalbaye. Ils autorisèrent les opposants à mener leurs activités politiques à l'intérieur du territoire soudanais, une attitude qui n'avait rien de surprenant, étant donné les liens existant entre les peuple tchadien et soudanais. Les opposants s'installèrent dans la ville de Nyala dans la région du Darfour, qui a une position stratégique en raison de sa proximité avec les frontières tchadiennes.

L'opposition tchadienne au Soudan prit contact avec la communauté tchadienne installée dans ce pays et de nombreux jeunes la rejoignirent et formèrent des comités populaires, notamment à Khartoum. Le mouvement prit de l'ampleur et d'autres pays marquèrent leur solidarité avec les révolutionnaires tchadiens dont la République Arabe d'Égypte dirigée à l'époque par Jamal Abdel Nasser

Mais Abatcha n'était pas seul. De petits groupes, originaires du Nord et de l'Est, prirent aussi les armes contre le gouvernement.

Il y avait Mahamat Ali Saboun, l'un des principaux leaders de la révolution qui a lutté pour enraciner les nobles objectifs de la révolution au Tchad. Son esprit révolutionnaire l'a poussé à rejoindre la lutte à cause d'une injustice commise envers sa famille par la colonisation française. Mais la révolution perdit prématurément l'un de ses leaders les plus farouches qui quitta le Tchad en 1964, pour se rendre au Soudan.

On dit qu'il était l'un des cofondateurs du Frolinat avec Abatcha et Djalabo. Après avoir suivi une formation militaire en Egypte, il retourna au Soudan pour diriger une des premières unités du Frolinat. Ses éléments couvraient la région du Lac Tchad en passant par le Kanem. Ali Saboun affronta les forces gouvernementales entre 1966 et 1967. Après plusieurs affrontements, il mena ses combattants vers l'est puis se dirigea vers le Lac Tchad. En cours de route, il tua deux chefs de cantons, Sougouma Guinassemi et le chef de Canton Bohori, puis affronta les français et l'armée de Tombalbaye près du Lac.

Le 22 octobre 1967, il fut abattu lors des combats à Kouroh, à la lisière du Lac Tchad et du Kanem Aujourd'hui, son nom n'est pas retenu par l'histoire. Cela viendra un jour. Les villageois de Kouroh ont enterré les cadavres, dont celui de Mahamat Ali Saboun, mais ce geste n'a pas été apprécié par les forces gouvernementales qui ont arrêté, torturé puis relâché les villageois. L'oncle d'Ali, Kouma Melle ainsi que son petit frère Nour Ali, qui était encore à l'école ont été arrêtés. Après un certain temps, Mahamat Nour Ali a revendiqué la réhabilitation de la chefferie cantonale de son grand-père, car elle avait été dissoute par les autorités françaises.

Un homme appelé Hassan Ahmat Moussa annonça aussi la création du « Front de Libération du Tchad » (FLT). Ibrahim Abatcha lui demanda de se joindre à lui, mais Moussa posa comme condition que le nouveau mouvement ne puisse pas être l'Union Nationale Tchadienne d'Abatcha.

Hassan Ahmat Moussa abandonna finalement l'idée d'un Front de Libération du Tchad qu'il trouvait régionaliste et rejoignit l'opposition au sein d'un nouveau mouvement, le Front de Libération Nationale du Tchad (Frolinat). La création de ce mouvement fut annoncée dans la ville de Nyala au Soudan le 22 juin 1966.

Le programme du Frolinat comportait 8 points :

- La mise en place d'un régime démocratique progressiste.
- La défense de l'unité nationale à l'intérieur des frontières du pays.
- Le soutien et l'encouragement de petits et grands projets nationaux et leur protection contre les institutions étrangères.
- Le développement d'une culture et d'une éducation progressiste répondant aux exigences socio-économiques.
- L'égalité entre la langue arabe et française.
- La rupture des relations avec Israël et le remplacement de l'ambassadeur israélien par un ambassadeur palestinien.
- Le soutien aux mouvements révolutionnaires et de libération en Afrique du Sud et en Palestine.
- L'établissement de relations diplomatiques avec tous les pays socialistes et progressistes et le respect des accords internationaux (avec les Nations Unies, l'Organisation de l'Unité Africaine, etc.).

L'annonce de la création du Frolinat eut un grand écho à l'intérieur et à l'extérieur du Tchad. Beaucoup de jeunes se firent enrôler et former dans des camps d'entraînement au Soudan avant de repartir vers le Tchad. Ils lancèrent plusieurs offensives au Soudan, surtout à l'Est. Le gouvernement les qualifiait de coupeurs de routes.

Taher Abbari qui avait ouvert le front du Tibesti fit alors une visite dans le Nord pour sensibiliser la population et y organiser la révolution. Il contacta aussi les compatriotes tchadiens installés en Libye pour savoir quelle était l'attitude des Libyens vis-à-vis du Frolinat. Le soutien libyen à la révolution était limité et non officiel. Taher Abbari put rassembler des groupes en rébellion qui se trouvaient dans la région du Tibesti. Parmi eux se trouvait le Derdei de la région du Tibesti, Weddeye Kichedemi. Ils érigèrent des camps militaires à l'intérieur des régions montagneuses proches de la frontière libyenne. Ces groupes n'avaient pas beaucoup d'armes. Les combattants n'avaient pour la plupart que des armes blanches traditionnelles, des épées, des haches, des lances et des flèches. Ils comptaient sur le butin qu'ils récupèreraient sur les soldats du gouvernement pour s'approvisionner en armement.

Pour trouver les moyens nécessaires pour la révolution, le Secrétaire Général du Frolinat noua des relations avec les pays voisins qui disaient soutenir le Front. Il se rendit également en Corée du Nord, en Syrie, en Égypte, auprès de l'Organisation de Libération de la Palestine et en l'Algérie. Tous ces pays ont soutenu et appuyé le Front. En 1970, la Libye autorisa même les Tchadiens à ouvrir un bureau pour le Front. Elle leur offrit une aide sous forme de vivres, d'armes légères de poing et leur ouvrit ses frontières pour faciliter le déplacement des révolutionnaires vers l'intérieur du territoire[3] tchadien. Le

[3] Un camp militaire servait aux entrainements, le camp « Bir Houdra » au Sud Est de Tripoli. En 1972, le camp « Al Wihda » fut ouvert pour l'entrainement commando.

Secrétaire Général du Frolinat envoya également une délégation en Irak.

L'Irak fut l'un des premiers pays à soutenir le Frolinat et à lui fournir une aide considérable en unissant la lutte du Mouvement Révolutionnaire Arabe va avec celle du Mouvement de Libération Nationale Africain. Un bureau[4] du Frolinat fut ouvert en Irak. La relation entre le Tchad et l'Irak se basait sur l'indépendance et était exempte d'ambition cachée qui ternirait cette relation. Elle s'est approfondie avec les objectifs de la révolution du Frolinat et de ses factions. Certaines parties qui avaient des intérêts au Tchad ont pensé que ce soutien irakien était une arme dirigée contre leurs plans. Ils ne purent rien faire, parce que l'Irak ne demandait rien en contrepartie de son aide au Tchad. L'Irak voulait rapprocher les points de vue des parties tchadiennes pour unifier le peuple et le territoire et rendre au pays l'indépendance de sa décision. L'Irak a offert au Tchad l'aide nécessaire pour assurer son développement et son indépendance. Il l'a fait avec Tombalbaye, Hissein Habré et Goukouni Wedeye. Il a ouvert ses universités sans distinction de race ou de religion à des centaines de jeunes tchadiens.

Mais d'autres pays soutenaient le gouvernement tchadien et extradaient vers le Tchad les opposants venus chercher refuge chez eux.

Le premier pays à faire cela fut le Soudan. En 1967, Saddick Al Mahdi, Premier ministre du Soudan donna l'ordre d'arrêter 13 militants du Frolinat au Soudan qu'il extrada vers Adré. Les prisonniers furent exécutés devant les forces soudanaises dès leur descente de véhicule. Le Soudan fut le premier pays à avoir reconnu le Frolinat et le premier pays à le trahir en extradant ses combattants vers le Tchad.

---

[4] Le camarade Maloum Boukar, décédé en 1980 dans un accident de la circulation entre le Nigéria et Kousseri, fut chef de ce bureau.

Une révolution ne peut atteindre ses objectifs sans rencontrer d'obstacles, des problèmes, des divisions ethniques ou régionales, sans que n'existe une lutte pour le pouvoir entre ses leaders. Le Front de Libération Nationale du Tchad (Frolinat), comme toute autre révolution, a dû faire face à tous ces obstacles.

Le Front voulait mettre fin à la haine tribale, à la division et au racisme ; il voulait l'indépendance totale de la nation et la propagation de la fraternité ; il voulait remplacer le régime corrompu de Fort-Lamy par un régime populaire, démocratique et libre ; il voulait grâce aux richesses du pays mettre un terme à l'ignorance et à la pauvreté et atteindre l'autosuffisance. Tels étaient les idéaux et les espoirs grandioses de la révolution Tchadienne.

Ces idéaux légitimes auraient pu être atteints sous la direction de grands militants tels qu'Ibrahim Abatcha, Taher Abbari et Aboubakar Djalabo Othman. Mais une fois ces personnalités disparues, les grands rêves se sont envolés et le peuple n'a rien vu de concret.

Le front se divisa en deux : un front au nord et un autre au sud-est, chaque armée étant dirigée par des personnalités reconnues.

LES DIFFERENTES FRACTIONS DU FROLINAT

Le 15 octobre 1969, lors de la conférence de Koumou, le Dr Abba Siddick fut désigné Secrétaire Général du Front, malgré l'opposition de beaucoup de leaders de la révolution qui le trouvaient trop proche de la France. En effet, Abba Siddick avait séjourné en France avant de rejoindre la Libye. Le Dr Abba Siddick demeura à Tripoli et ne se rendit jamais sur le terrain. Il avait des contacts avec les Libyens à travers le bureau du Front alors qu'Abdelkader Yacine gérait la plupart des affaires du bureau.

Le Dr Abba Siddick qui avait succédé à Abatcha comme premier responsable de la révolution était un bourgeois qui ne se souciait que d'amasser de l'argent. Il était de ceux qui s'étaient infiltrés au sein du Front pour le détruire et faire fortune. Marié à une française, il était incapable de vivre avec les gens simples de la révolution. Lorsqu'il fut nommé au poste qu'occupait Abatcha, les révolutionnaires pensaient qu'il entreprendrait des actions pour faire avancer les choses. En ce temps-là, ils occupaient plusieurs régions du nord et du nord-est et ils avaient le soutien de la Libye et de l'Algérie (pays proches des lieux où se déroulaient les combats) de l'Organisation pour la Libération de la Palestine, de l'Irak et de la Syrie (pays éloignés où le Frolinat ouvrit tout de même des bureaux).

Le Dr Abba Siddick était resté inactif alors que la lutte révolutionnaire exigeait du nouveau dirigeant des efforts supplémentaires. Il était enfermé dans son bureau du Front à Tripoli et ne s'était pas rendu une seule fois sur le terrain. Il n'avait même pas contacté les pays qui soutenaient la cause, alors que dans son bureau, il recevait leurs dons ainsi que les contributions du peuple tchadien. Pire que cela, il combattait tout intellectuel qui se joignait à la révolution. Il avait ainsi ordonné à ses collaborateurs d'empêcher aux intellectuels tchadiens (excepté ceux en qui il avait totale confiance et qui lui étaient soumis) de se rendre en Libye.

Abba Siddick avait infligé des mauvais traitements au Derdei du Tibesti, Weddeye Kichedemi. Il coupa l'aide libyenne au sultan Weddeye Kachirmi qui était un réfugié politique en Libye et l'obligea malgré lui à se rapprocher de Tombalbaye alors que le Derdei était de ceux qui avaient soutenu la nomination d'Abba Siddick au poste de secrétaire général du Frolinat.

Il avait aussi, pour des raisons ethniques, empêché les étudiants tchadiens de poursuivre leurs études dans les instituts Libyens – sous le régime monarchique –, parce que la majorité de ces étudiants étaient originaires des régions proches de la frontière libyenne ou de provinces sans lien ethnique avec le Dr Abba Siddick. Cela poussa les étudiants à proclamer qu'ils s'opposeraient à la révolution si Abba Siddick et ses complices restaient à sa tête. Ils déclarèrent aussi que l'ennemi qu'ils combattaient n'était pas pire qu'Abba Siddick. Malgré l'intervention du gouvernement libyen, les étudiants étaient restés sur leur position : 107 abandonnèrent leurs études et 60 autres regagnèrent Fort-Lamy. Il planta ainsi la première graine de ségrégation ethnique entre les révolutionnaires. Cela poussa plus tard certaines personnes à lui désobéir, surtout Mohammed el Baghalani (deuxième adjoint de l'ancien Secrétaire général) et l'un des plus importants leaders de la révolution, Aboubakar Djalabo Othman dit « Al Asdok ».

Le comportement d'Abba Siddick a provoqué la colère de la population dans les provinces du nord. Les révolutionnaires voyaient qu'Abba Siddick n'avait pas les qualités nécessaires pour diriger la révolution, ni sur le plan militaire ni sur le plan politique et la Deuxième armée s'est révoltée et a annoncé son opposition au Dr Abba Siddick.

La révolution tchadienne qui avait été fondée pour de nobles et légitimes objectifs eut à faire face à des coups montés, internes et externes, qui l'ont empêché d'atteindre ses objectifs.

La Première armée

La 1ère armée était la seule force qui combattait à l'Est du pays. Ses premiers responsables étaient Ibrahim Abatcha, président fondateur, Aboubakar Djallabo, Abakar Kori dit Abadi, Mahamat Abba Seïd (6 bis). Président fondateur de l'UNT (était en prison), Mahamat Ali Saboun et bien d'autres. Sa stratégie consistait à ouvrir plusieurs fronts pour affaiblir l'armée tchadienne : Abakar Kori fut envoyé au

Tibesti pour canaliser la révolte des Toubous, Mahamat Ali Saboun à la tête d'une colonne, se dirigea vers le Lac Tchad, il trouva la mort, le 22 octobre 1967 à Kouroh dans la région du Kanem, au cours d'un combat contre les forces gouvernementales. Abatcha et Djalabo avec le reste des éléments sont eux aussi morts au combat. La 1ère armée s'est retrouvée sans cadres politiques.

En février 1968, ce fut au tour d'Ibrahim Abatcha d'être tué au combat. Des éléments du Frolinat avaient pris en otage une infirmière française, Mlle Fauvet et tué un médecin français et un vétérinaire espagnol. Le Général Roasingar Mbaidoloumal fut chargé de la retrouver et un élément du Frolinat qui avait fait défection lui servit de guide jusqu'au poste de contrôle où se trouvait Abatcha. Ce dernier dut se replier vers le mont Digendeti à 25 km au nord d'Amtiman. Après des échanges de tirs, Abatcha blessé, a succombé suite de ses blessures. Sa tête a ensuite été tranchée pour être exposée au public à Fort Lamy, dans le bâtiment qui abrite aujourd'hui le ministère des Affaires étrangères. Comment un Tchadien peut-il commettre un acte aussi inhumain envers son compatriote ?

Aboubakar Djalabo[5] et Mohammed el Baghalani surnommé Al Imam avaient en charge le sud-est (lorsque Djalabo mourut sur le terrain lors de combats, Mahamat Baghalani devint alors la personnalité la plus en vue de la Première armée). L'armée de la révolution connut des tensions et des troubles. Le conflit entre les membres de la Première armée et leur leader Mohammed El Baghalani[6] se solda par le départ de ce dernier. Il créa alors un nouveau mouvement, nommé « Alboulk Assarii » et quelques combattants se joignirent à lui. Abba Siddick entreprit alors

---

[5] Premier Secrétaire Général Adjoint depuis le congrès de Koumou.

[6] Deuxième Secrétaire Adjoint, chargé des relations extérieures depuis le congrès de Koumou.

des procédures contre El Baghalani et l'empêcha d'entrer en territoire libyen. Ce dernier rentra tout de même en Libye et il fut accueilli par Abdelkader Yacaine, responsable du bureau de Tripoli. Son mouvement changea plus tard de nom et devint « Volcan ».

Ce nouveau mouvement fit scission de la Première armée. Abba Siddick rebaptisa alors la fraction restante en « Première armée » et l'atmosphère de la révolution se détériora.

El Baghalani abandonna sa position à l'est et avança vers le nord où se trouvait la Deuxième fraction, rebaptisée « Deuxième armée », et se rallia à eux. Quand El Baghalani quitta la Première armée d'Abba Siddick, il se réfugia dans les régions qui étaient contrôlées par Hissein Habré et Goukouni Weddeye. Certains de ceux qui le soutenaient le suivirent. Aux côtés d'El Baghalani, il y avait Abdallah Adoum Dana.

Le député Acyl Ahmat les rejoint en 1976, car il était en désaccord avec le gouvernement du CSM. Acyl Ahmat Aghbach avait travaillé dans le gouvernement de Tombalbaye, puis élu député ; il quitta N'Djaména pour sauver sa peau suite à la tentative de coup d'État avorté contre le gouvernement de Félix Malloum, à laquelle il aurait pris part. Acyl a ainsi rejoint les rangs de la révolution et alla jusqu'à prendre la tête du Volcan quand El Baghalani trouva la mort en 1977 à Ajdabia en Libye, dans des circonstances non élucidées. Après une lutte entre Dana et Acyl, ce dernier réussit à contrôler le mouvement en s'appuyant sur son ethnie et sur la Libye qui voulait que le Volcan domine les FAP (Forces Armées Populaires) avant de dominer les autres mouvements révolutionnaires tchadiens. Acyl devint président du CDR (Conseil Démocratique Révolutionnaire).

La Deuxième armée

La Deuxième armée avait quant à elle plusieurs personnalités dont Taher Abbari, Weddeye Kichedemi, Derdei du Tibesti et Goukouni Weddeye. Goukouni Weddeye était fils du Derdei du Tibesti et un des petits fonctionnaires du BET au moment où les postes de responsabilités étaient encore entre les mains des sudistes, sous le régime colonial. Au début, Goukouni fut fidèle à la révolution. Il ne cherchait pas d'intérêt personnel contrairement à d'autres leaders comme Habré ou Abba Siddick. Il fut accueilli à bras ouverts par la révolution à cause de son statut de fils du Derdei, mais c'est sa simplicité qui lui attira davantage la confiance des révolutionnaires. C'est ainsi qu'ils choisirent de le mettre à la tête de la Deuxième armée, après le décès du commandant Taher Abbari en 1969, année du coup d'État contre le régime monarchique de la Libye. En ce moment-là, les personnalités les plus en vue sur le terrain étaient Al Hadj Isshak et Abdel Hadi de la Première armée et Goukouni Weddeye de la Deuxième armée.

En 1972, grâce au concours de Goukouni, Hissein Habré entra sur scène. En l'absence du secrétaire général, il s'est joint à la Deuxième armée dirigée par Goukouni et il en prit plus tard la direction. Goukouni lui avait cédé la place, car il le considérait comme plus instruit que lui. Goukouni ne se rendait pas compte qu'une personne cultivée, mais sans foi et sans bonnes intentions est plus dangereuse qu'une personne non cultivée. Habré était instruit certes, mais il était surtout opportuniste alors que Goukouni, lui, était un vrai révolutionnaire.

Certains leaders politiques et militaires de la Deuxième armée s'opposaient au Dr Abba Siddick. C'était là les premiers signes de division au sein de la révolution. Abba Siddick avait en effet tout fait pour tenir Hissein Habré loin de la Libye.

Après des études dans les instituts français, Habré était revenu au Tchad en 1971, dans l'espoir de trouver du travail au sein de l'administration. On parle d'une rencontre entre Hissein Habré et Tombalbaye, en présence d'Abbo Nassour et de l'un des ministres du gouvernement de l'époque. Il fut alors demandé à Habré de s'infiltrer dans la révolution. Abba Siddick se méfiait de Habré qui avait reçu de l'argent pour les espionner et il demanda aux Libyens de l'écarter. Les autorités libyennes éloignèrent Habré vers l'Egypte où il resta plus de 4 mois avant de s'infiltrer de nouveau en Libye avec un faux passeport soudanais. Il rejoignit alors la révolution avec la complicité de Goukouni Weddeye. A mon avis, c'est son ambition qui l'a poussé à se détourner de Tombalbaye et de la mission qui lui avait été confiée.

Ceci provoqua une dispute entre Goukouni Weddeye, chef de la Deuxième armée et le Dr Abba Siddick, Secrétaire Général. Siddick avait en effet peur des intellectuels et des personnes instruites et il craignait peut-être aussi Habré qui entretenait une relation avec la France, assez semblable à la sienne. Cette peur devint évidente avec l'arrivée de Hissein Habré dans cette Deuxième armée qui pesait plus que la Première armée : elle bénéficiait davantage d'aides de la Libye dont elle est proche géographiquement. Lorsque Hissein Habré, chef de la Deuxième armée, annonça son opposition à Abba Siddick, ce dernier se mit d'accord avec les Libyens pour obtenir l'arrêt du financement du mouvement. La fourniture de vivres à la Deuxième armée gênait les Libyens qui ne faisaient pas confiance à Hissein Habré. Ils lui reprochaient sa relation avec la France et ils se rappelaient l'avoir écarté de la Libye à la demande d'Abba Siddick.

La Deuxième armée devint forte sur le plan numérique. Cependant, elle manquait cruellement de provisions, à tel point que les combattants passaient deux semaines sans rien se mettre sous la dent. Leur condition ne changea que lorsque la Française Françoise Claustre fut prise en otage en avril 1974. La Deuxième armée demanda à la France une rançon en armes, en provisions et en couvertures pour que les combattants puissent se protéger de la rigueur du climat. Ces produits furent distribués, mais la dispute avec l'émissaire français, le commandant Galopin, qui méprisait les leaders de la révolution eut pour conséquence son exécution à Bardazoui.

La deuxième armée eut des soutiens d'un peu partout. L'enlèvement de Françoise Claustre et l'arrivée massive des étudiants de Brazzaville, de l'Europe, du Moyen-Orient et de l'Algérie ont permis à ce mouvement de faire parler de lui sur le plan médiatique. Ses cadres ont tissé des relations avec le parti socialiste espagnol, avec le monde arabe et bien d'autres pays.

Le mouvement avait de plus une position stratégique puisqu'il jouxtait la Libye. La Libye avait peur de perdre le contrôle de ce mouvement, car la Deuxième armée cherchait à devenir autonome. Elle envoya des délégations au nord du Tchad pour offrir une aide financière et militaire, et afficher sa solidarité, tout en suggérant d'ouvrir une nouvelle page dans les relations entre la deuxième armée et la Libye. Goukouni était pour une relation privilégiée avec les Libyens. Il s'engagea sur ce chemin et les Libyens ouvrirent des bureaux pour la Deuxième armée à Tripoli, à Benghazi et à Sebha.

Alors qu'une relation privilégiée entre la Deuxième armée et les Libyens était établie, la nouvelle de la remise aux forces libyennes de Aouzou (une région riche en minerais dont l'uranium) tomba comme la foudre sur les leaders de la Deuxième armée. La Libye aurait acheté cette partie du Tchad et Tombalbaye en aurait encaissé la somme. Cette situation était embarrassante pour les leaders de la Deuxième armée, parce que pour eux, il ne pouvait y avoir que deux issues : ou bien les Libyens se retirent d'Aouzou ou bien ce serait la guerre.

En plus de ses relations avec l'extérieur, la 2ème armée avait donc des moyens militaires considérables. Elle s'est imposée sur l'échiquier national et international.

Il y avait quelques mécontentements parmi les soldats de la Deuxième armée avant même qu'ils n'apprennent que la Libye contrôlait Aouzou. La cause en était l'attitude de Hissein Habré, qui après avoir pris la tête de la 2ème armée, donnait les postes clés en priorité à sa famille, monopolisait l'argent et le distribuait à sa famille... Le pouvoir était devenu le monopole des fils du BET, et surtout de Hissein. Cette situation mit la discorde au sein de la Deuxième armée, surtout entre la famille de Goukouni et celle de Hissein Habré et entre leurs familles et les personnes issues d'autres tribus.

Ces disputes étaient la source de la divergence et de la rupture entre Hissein et Goukouni bien qu'ils appartiennent à une même région. Lorsque les leaders de la Deuxième armée se réunirent pour trouver une solution au cas d'Aouzou, ils se divisèrent en deux camps. Une partie s'est rangée du côté de Hissein qui proposait soit une guerre contre les Libyens et le gouvernement en place soit un ralliement au gouvernement en place pour faire la guerre à la Libye. L'autre partie était avec Goukouni et pensait que les moyens faisaient défaut pour mener une guerre à la fois contre la Libye et contre le gouvernement tchadien.

La Libye a joué un rôle de médiateur pour dissiper les dissensions au sein des armées du Frolinat avant de susciter une division parmi les leaders des Forces Armées du Nord (FAN) de Hissein Habré et de Goukouni à Gouro. Pendant qu'ils s'entredéchiraient, les Libyens parachevèrent leur occupation d'Aouzou. Il y eut des affrontements entre les éléments de Hissein Habré et ceux de Goukouni ainsi qu'entre les éléments de Habré et les Libyens. Il y eut plusieurs victimes. Les Libyens arrêtèrent des responsables du Frolinat, tel Issa Moussa. C'était un militant actif du

Frolinat à Sebha en 1974. Il était l'exemple vivant de la modestie et était motivé pour atteindre les objectifs de la révolution[7]. Ils furent libérés après l'accord intervenu entre Goukouni et les Libyens et la remise de Françoise Claustre. Le cerveau libyen de la division du Frolinat était un trio composé d'Aboul Qassim[8], surnommé Al Ghoul, du Dr Ali Abdelsalam Al Treki et d'Ibrahim Al Bichari qui était de mère tchadienne.

Avec l'occupation d'Aouzou, la rupture entre Hissein et Goukouni Weddeye fut complète. Goukouni n'a rien dit à propos de l'occupation d'Aouzou : son silence était le prix de l'aide reçue des Libyens au temps où ses adversaires contrôlaient le pouvoir. Il s'est tu alors que les habitants d'Aouzou ont souffert de cette occupation : beaucoup furent déplacés de force vers l'intérieur de la Libye. Les Libyens entreprirent de soutenir Goukouni matériellement et militairement, pour mettre fin au pouvoir de Hissein Habré Ce dernier fut obligé de se retirer de la région et de se réfugier dans les montagnes d'Aramkolé où il demeura jusqu'en 1978.

Forces Populaires de Libération (FPL)

En 1976, la structure du Frolinat changea. On abandonna les dénominations jugées restrictives de « Première armée » et « Deuxième armée ». On parla dès lors de « Forces Populaires de Libération », première région nord (faisant allusion à la deuxième armée) et celle de la deuxième région (faisant allusion à la première armée).

Après les troubles survenus au Nord, le groupe du Tibesti, dirigé par Abdallah Kebir et Boso, puis par

[7] Adoum Togoï parle toujours de son combat dans la révolution qui lui coûta sa jambe. Il parle de ses exploits comme s'il était l'un des fondateurs de la révolution, et plus précisément de la Première armée.

[8] Responsable de la sécurité.

Youssouf Sidi s'est séparé des forces de Andi qui était dirigées par Ahmat Dalo et ensuite par Sougui Moussa. Les forces du Tibesti étaient auparavant connues sous le nom de Commandement des Forces Armées du Nord (FAN) dirigée par Hissein Habré et Goukouni Weddeye.

C'était le début de la fin pour le Dr Abba Siddick. Peu à peu, la Deuxième armée prit la place de la Première armée et renforça sa relation avec la Libye qui avait définitivement tourné la page Abba Siddick. L'aide libyenne cachait cependant l'objectif réel des Libyens : l'occupation d'Aouzou.

La Troisième armée

En 1976, le mouvement de libération baissa en intensité : certains leaders originaires du BET, affirmaient qu'ils avaient libéré leur région et que chacun n'avait qu'à en faire autant avec la sienne, eux n'étant pas prêts à supporter le prix de la reconquête de régions qui ne leur appartiennent pas. Goukouni bien qu'au courant de tout cela n'a pas réagi. Il commença à perdre le contrôle des FAP où régnait le mépris à l'encontre de certains clans, la ségrégation et les assassinats...

Figure 2 : Carte militaire de la 3ème armée

De plus, Goukouni avait appris de Hissein le privilège des intérêts personnels sur l'intérêt général et le tribalisme. Ce qui détériora l'atmosphère au sein de la Deuxième armée. Certains ont décrié son attitude, surtout ses cousins du Kanem qui étaient majoritaires dans les forces de la Deuxième armée. Les gens du Kanem avaient l'impression d'être les dindons de la farce durant la guerre, car d'autres profitaient d'eux. Les fonctions importantes étaient confiées aux proches de Goukouni. Il bascula dans le tribalisme et l'ethnocentrisme au point qu'en 1976 et 1977, les journaux libyens avaient donné à la Deuxième armée le nom de « l'armée des Toubous ». Ce comportement ne plut guère à certains cadres. Ils se sont désolidarisés de la Deuxième armée et ont créé la Troisième armée.

Idriss Youssouf Saleh, Idriss Adoum Moustapha Abakar Mahamat Abderaman, Abderaman Moussa Mouli, Ibrahim Seid Abderazack et Mahamat Moussa Kosso se désolidarisèrent alors de Goukouni et formèrent, le 12 décembre 1976, à Benghazi, un nouveau mouvement, « les Forces Armées Occidentales » ou Troisième armée.

Ils ont voulu par-là dénoncer l'absence d'égalité, la prévalence du tribalisme et en appeler à la libération du territoire des mains de l'ennemi, surtout après la libération de la plupart des terres du BET.

Lorsque les FAP furent au courant, un groupe de leur bureau de Tripoli voulut enlever les leaders des FAO. Ils ne réussirent qu'à se saisir d'Abakar Abderaman et d'Abderaman Moussa Mouli. Après les avoir battus, ils les amenèrent vers la frontière tchadienne. L'un de ceux qui étaient avec Abakar Abderaman réussit à s'échapper et à prévenir la police libyenne qui les rattrapa à 400 km de Benghazi et les ramena couverts de sang.

Ces incidents ont poussé les cadres des FAO à rejoindre le Lac Tchad. Là-bas, Abakar Mahamat Abderaman, Ibrahim Seid Abderazack, Idriss Adoum Moustapha et Youssouf

Zargai Djoufoun commencèrent à recruter des jeunes. Beaucoup de tchadiens se joignirent à eux dont ceux enrôlés dans l'armée nigériane comme le sous-lieutenant Moussa Mahamat et Hamet Madani. La Troisième armée bénéficia aussi dans la région du Lac d'un grand soutien populaire. La population forma des comités populaires qui soutenaient les Forces Armées Occidentales en Libye, au Soudan et au Nigéria. J'ai apporté mon soutien total à cette mouvance.

Des camps militaires furent installés sur les îles Koukria, Kandam, Kadam et Mermeri. Les FAO occupèrent la région de Tchoukou Haja. Beaucoup des autochtones se joignirent à eux après le meurtre d'un homme d'origine libyenne, nommé Saleh Adima, un douanier qui les avait torturés en leur imposant de lourdes taxes

Les Libyens ont joué un rôle important dans les divisions survenues au sein du Frolinat en 1976. Ce sont, par exemple, Aboul Qassim Nasser, surnommé « Al Ghoul », le Dr Abdelsalam Treki et Alwafi Al Beya[9] qui ont lancé la création de la Troisième armée le 12 décembre 1976 dans la ville libyenne de Benghazi.

Ce qui est ironique c'est que la radio du Frolinat, émettant depuis Tripoli, insultait plus les FAO que la radio de N'Djaména parce que le mouvement avait enlevé un Français et un Suisse.

Mais le mouvement reçut un soutien total de ses voisins (Cameroun, Niger, Nigéria) et Abakar Abderaman en fut élu président, Youssouf Saleh, vice-président, Idriss Adoum Moustapha, chargé des affaires militaires et Adoum Ben Adoum, son adjoint.

Quand la situation de cette armée devint plus stable dans la région du Lac Tchad, un grand nombre de Tchadiens se joignirent à elle. Les FAO étaient le mouvement qui avait le

---

9 Il était chargé du dossier tchadien au ministère des Affaires étrangères libyen.

plus de militants, mais le moins équipé en armement. Les FAO s'appuyaient sur les populations qui ne pouvaient leur fournir des moyens importants. Les Libyens ne leur fournirent aucune aide, mais ils n'empêchèrent pas l'installation des comités des FAO dans leurs villes.

Lorsque les FAO se sont désolidarisées des FAP, la plupart des originaires du Kanem qui y étaient les rejoignirent. Goukouni est resté au Nord. Les Libyens ont favorisé l'instauration d'une stratégie de ségrégation ethnique. Cela n'a pas rendu service à la révolution. En incitant les Tchadiens à se battre les uns contre les autres en se basant sur les origines ethniques, les Libyens ont fait en sorte que le Tchad demeure faible et incapable de reprendre Aouzou. Ils ont occupé Aouzou puis ont annoncé que le BET et une partie du Kanem étaient une partie de la Libye.

Des exactions furent commises dans la région du Lac Tchad. Elles étaient surtout le fait du chargé des affaires militaires, Idriss Adoum Moustapha. Par sa faute, le mouvement fut haï. En l'absence du secrétaire général, Abakar Abderaman, qui avait peur d'être sur le terrain, s'érigea en tyran. Il fut atteint par la folie des grandeurs et se livra à des exécutions sommaires. Il en arriva même à condamner à mort Abakar lorsque ce dernier arriva sur le terrain, mais il ne put mettre à exécution cette condamnation parce que certains combattants lui firent savoir que ce ne serait pas de son intérêt. Abakar Aderaman se rendit ensuite au Nigéria.

Il se fit remplacer par le même Adoum Moustapha qui se mit alors à dépenser l'argent du mouvement pour ses intérêts personnels. Il acheta cinq gros porteurs et deux voitures Toyota. Avant l'arrivée du mouvement à N'Djaména, il devint aussi un ethnocentriste endurci. Le 25 mai 1979, il fit arrêter les officiers Saleh Ahmat Issa et Issa Hamid à N'Djaména tout comme il ordonna l'arrestation de l'officier Maï Moudeye, du commerçant Abdelkerim Bahar Ghazal qui étaient de ceux qui soutenaient le mouvement d'Adoum Daglimi, membre de la direction du mouvement. Il exécuta Ibrahim Seid chargé des affaires financières et l'officier Faki Mahamat. Ces comportements inadmissibles ont mené à des tiraillements au sein du mouvement. Les FAO firent disparaitre Adoum Moustapha de la scène le 11 juin 1979.

Idriss Adoum Moustapha avait aussi changé le nom du mouvement et l'avait remplacé par « Mouvement Populaire pour la Libération du Tchad » ou MPLT tout en voulant le désolidariser du Frolinat. Après sa disparition, le nom et le slogan du mouvement furent repris.

En ce qui concerne la Troisième armée, le manque de cadres était criant. Les responsables de la troisième armée de l'époque n'ont pas accordé beaucoup d'importance à la recherche de cadres, car, en fait Idriss Adoum Moustapha voulait conserver tous les pouvoirs. Il ne voulait pas de cadres, car ceux-ci n'auraient pas admis qu'il se comporte de la sorte. C'est l'un des points de nos divergences. Nous étions pourtant le mouvement le plus proche de la capitale. Nous avions plus de 4.000 combattants bien entrainés et motivés, dont 370 filles, mais nous étions sous-équipés. Malgré ce sous-équipement, les combattants étaient confiants, car ils avaient foi dans leurs « gris-gris » ; la réalité des combats ne tint malheureusement aucun compte des phénomènes mystiques… Nos éléments menaient des opérations militaires jusqu'à N'Djaména puis regagnaient leur base sans être inquiétés. Sur le plan médiatique, nous étions absents, sauf dans des journaux arabes où de temps en temps, nous faisions passer nos communiqués.

Le Volcan

Le Volcan était initialement une des branches de la 1ère armée. Il était un mouvement composé à majorité des tribus arabes tchadiennes.

Les Libyens se sont rendu compte que le Frolinat était le fruit de la lutte nationaliste tchadienne et que ses leaders n'agissaient pas pour l'intérêt d'un camp étranger. Pour eux, Hissein Habré et le Dr Abba Siddick, avec leur culture française, ne pouvaient être que des alliés de la France. Le plan libyen consistait en un soutien au volcan, futur CDR, pour anéantir les autres armées avant de se retourner vers l'allié.

Les Libyens voulaient, pour servir leurs intérêts, créer un mouvement composé de tribus arabes tchadiennes. Ils rassemblèrent ceux qui travaillaient en Libye et annoncèrent la création de ce mouvement à la fin de l'année 1977. La Libye cherchait, avec le Volcan, à pousser au combat, à allumer une guerre entre tribus Arabes et tribus Goranes, en espérant que leur allié Acyl parviendrait à se hisser au pouvoir au Tchad. Celui-là pensaient-ils, serait facile à neutraliser et à remplacer par un Libyen résident au Tchad s'il lui venait à l'idée de s'opposer à leur plan d'occupation du Nord.

Acyl et ses troupes, poussés en cela par les Libyens, se désolidarisèrent pour créer une armée du nom de « Conseil Démocratique Révolutionnaire » (CDR) après la mort d'El Baghalani. Elle prônait l'Arabisme pour se positionner en un temps record et elle a formé une armée grâce au soutien en armes et moyens financiers des Libyens.

Certains éléments Libyens, avec les troupes de Goukouni comme complices, ont allumé le feu de la discorde en déclenchant une bataille féroce entre les troupes des FAP et les éléments du CDR. Des crimes horribles et des massacres furent perpétrés par les deux camps. Les forces libyennes sont intervenues aux côtés du CDR et ont, par erreur, tiré sur leurs alliés. Le colonel libyen qui agissait ainsi ne le faisait pas par amour pour les arabes ou les Goranes, mais pour tuer toute union entre les armées de la révolution tchadienne et pour parachever l'occupation libyenne de la bande d'Aouzou. (Diviser pour mieux régner).

Grâce au soutien libyen et notamment aux armes lourdes mises à sa disposition, le CDR lança une offensive contre Goukouni. Ils firent ainsi éclater la guerre en 1978 à Faya et contribuèrent, en juillet 1979, à l'attaque libyenne sur Faya connue sous le nom de *« guerre de Wour »*. Le but de cette guerre était de faire éclater l'unité du Tchad et d'annoncer la présence d'une opposition au nouveau gouvernement formé par toutes les armées tchadiennes. La bataille fut intense et dura deux jours. Elle se termina par la défaite du CDR qui perdit de nombreux combattants dont des Libyens. Le reste de ses combattants prit la fuite vers le territoire libyen en laissant derrière lui une quantité impressionnante d'armes.

Avec la mort de Mahamat Baghalani Imam, dans des circonstances obscures, le mouvement se scinda en deux. Une partie suivit Abdallah Adoum Dana et une autre, plus grande, resta avec Acyl et fut baptisée Conseil Démocratique Révolutionnaire (CDR) lors de l'entrée à N'Djaména.

Abdallah Adoum Dana continua de diriger le Volcan jusqu'à son unification avec la Première armée et la chute de N'Djaména, moment où Mahamat Abba devint président de la Première armée.

Avant l'arrivée d'Acyl, les divergences existaient entre les leaders de FROLINAT et particulièrement entre les trois dirigeants arabes, à savoir : Mahamat Abba Seid et Abdoulaye Adoum Dana contre Acyl. Cette division interne a permis aux Libyens de faire voler en éclats la révolution tchadienne pour que la République du Tchad n'existe plus. Il faut noter qu'Acyl était le plus proche des Libyens. C'est ainsi qu'ils lui offrirent ce qu'il voulait et celui-ci (Acyl) pensa que ce soutien était le premier pas vers la victoire du CDR sur les FAP, ou le 1er pas pour hisser son mouvement au pouvoir. Acyl commit des erreurs stratégiques en faisant front commun, sans réfléchir, avec les Libyens, au point de devenir finalement l'une de leurs victimes.

Les Libyens ont profité des ambitions et du charisme d'Acyl alors qu'il y avait d'autres leaders de tribus arabes dans les rangs de la révolution tels que Mahamat Abba, Hadjaro Al Senoussi, Abdallah Dana et bien d'autres. A travers Acyl, ils ont contribué à briser la cohabitation qui existait au sein des mouvements depuis le début de la révolution.

Les troupes libyennes arrivèrent au Tchad en 1980 et envahirent toutes les régions de l'Est et du Nord. C'est ainsi qu'ils attirèrent les éléments du CDR à l'Est du pays dans le but de faire chuter le gouvernement de Gougouni. Dans ces régions, le CDR érigea une sorte de petit Etat comme l'avait fait Kamougué au Sud. Le citoyen tchadien ne pouvait pas voyager à l'Est sans l'agrément du CDR. Les barrages de contrôle érigés par des éléments du CDR arrêtaient les véhicules pour vérifier s'il y avait des articles prohibés. Ils commirent des crimes les plus odieux dans le Ouaddaï et le Batha.

Ces éléments arrachaient aux innocents leur argent et violaient les femmes. Ils ont incendié le marché d'Abéché à deux reprises avec la complicité des Libyens, lorsque les populations locales ont refusé d'utiliser la monnaie libyenne en lieu et place de la monnaie tchadienne. Les soldats Libyens ont commis eux aussi des viols sur des petites filles et ont déporté beaucoup d'entre elles vers la Libye sous prétexte de les avoir épousés pour que ces filles soient à leur service. Certaines ont pu s'échapper et sont revenues raconter ce qui leur était arrivé. Les membres du CDR ont aussi kidnappé des élèves dans les écoles pour les emmener en Libye. Jusqu'à présent, on a perdu les traces de plus de 300 d'entre eux.

Au sein du CDR, certains cadres étaient soutenus par la Libye et d'autres avaient des contacts secrets avec la France.

Ceci a par pour conséquences l'instauration de la haine entre les populations du Tchad. Acyl était l'avocat des Libyens malgré leur mauvaise politique au Tchad et les crimes qu'ils y ont commis. Ahmat Ibrahim et Grène Saleh[10] qui étaient pourtant nés au Tchad étaient repartis en Lybie mais l'arrivée de Mouammar Gadhafi au pouvoir avait fait d'eux des cadres libyens pour revenir commettre des crimes parmi les populations qui les avaient bien traités. La politique libyenne poussait les musulmans contre les Africains, les musulmans contre les chrétiens et les animistes. Beaucoup de personnes sages ont compris le danger que représentait ce jeu dans le contexte tchadien. Certains leaders du CDR ont fait un mea-culpa après le départ du GUNT de la capitale N'Djaména. Ils se sont retrouvés dans les prisons libyennes comme ce fut le cas pour Acheikh Ibn Oumar et de certains de ces collègues.

La mauvaise attitude de certains éléments du CDR venait d'une mauvaise lecture de leurs relations avec les citoyens libyens : ils se considéraient plus proches d'eux que les Tchadiens des autres régions. Il en est de même pour les sudistes qui se croyaient plus proches des Français que des Tchadiens du Nord. Mais la réalité de l'histoire et les événements ont prouvé que ce qui unit tous les Tchadiens est plus profond et solide que cette proximité illusoire avec l'étranger. Pour finir avec le CDR, je voudrais rappeler deux des crimes les plus horribles que j'ai connus.

Tout d'abord, lorsque nous sommes arrivés d'Allemagne avec Acyl Ahmat, le 1er mars 1981 à Tripoli, Ousman Mahamat Nour qui était responsable à l'ambassade du Tchad à Tripoli, nous a dit que : *« une femme d'une grande beauté cherchait à connaître le sort de son mari disparu durant la guerre. Mais les Libyens savent qu'il est mort. Elle alla s'enquérir des nouvelles de*

---

10 Nés au Tchad, ils furent responsables dans les comités populaires libyens.

son mari auprès des Libyens. Elle était mère de deux enfants. Les Libyens lui ont fait savoir que son mari était vivant et se trouvait à Faya. Ils lui demandèrent de se préparer pour qu'un avion la transporte là-bas. Lorsqu'elle se rendit au camp militaire libyen à l'aéroport de N'Djaména et qu'elle monta dans l'avion, elle fut transportée en Libye, et l'individu qui l'avait kidnappée prit les deux garçons et les laissa devant la porte de l'un des travailleurs tchadiens en Libye. Depuis lors on a perdu sa trace ». Lorsque nous avons évoqué le sujet avec le ministre des Affaires étrangères libyen Abdel Halti Al Ibeidi, il essaya de se défausser et n'entreprit aucune action. Autre cas, Massoud Abdelhafiz marié à une Tchadienne et arrivé en fin de mission, prit deux garçons tchadiens qu'il refusa de rendre à leurs parents malgré l'insistance de ces derniers et en dépit de l'intervention de Goukouni.

Massoud Abdelhafiz, un proche de Kadhafi s'est occupé du dossier tchadien. Parmi tous les Libyens qui se sont intéressés à ce dossier, il fut celui qui avait le moins de haine, le plus de sympathie pour la cause tchadienne et celui qui avait le plus d'égard pour les autorités tchadiennes. A ce qu'il disait, il était opposé à l'intervention militaire libyenne au Tchad entreprise par Ahmed Ibrahim et Grène Saleh qui étaient nés au Tchad. Il s'est marié à deux reprises à des tchadiennes de différentes ethnies dont l'une lui a donné un enfant.

Je termine mon témoignage sur Acyl en disant que malgré son jeu politique au profit des Libyens, il faut noter que c'était un homme charismatique, simple, généreux et relationnel avec ses soldats. Acyl avait beaucoup de bonnes qualités : c'est un homme de terrain qui se distinguait, mais à un moment donné, il a été trompé par les Libyens pour son courage et sa bonté. Il ne faisait pas de différence entre les personnes des différentes ethnies tchadiennes tout comme il était connu pour ses gratifications et sa modestie.

Acyl a pu, grâce à son courage, à ses capacités de guerre et à son intelligence, consolider son armée composée de plusieurs ethnies et instaurer la fraternité entre certains Tchadiens. Les erreurs qu'il a commises sont à mettre à l'actif des Libyens. A sa mort, le commandant Acyl Ahmat laissa derrière lui une grande armée possédant beaucoup d'armes et de munitions. Sa mort fut une perte pour les Tchadiens et surtout les militants de la liberté. Nous manquons d'espace pour rappeler ici tout ce que nous savons d'Acyl (La Miséricorde de Dieu soit sur lui) qui nous quitta au moment où nous avions besoin de ses idées et de son courage.

Il a laissé un vide difficile à combler et nous espérons que ses enfants emprunteront le même chemin que lui en tenant à ses nobles principes.

Les Forces Armées Populaires (FAP)

Goukouni prit le contrôle de la Deuxième armée. Elle fusionna avec la Première armée dirigée par Mahamat Abba et les forces du Volcan d'Acyl Ahmat et ils baptisèrent ces forces unifiées, Forces Armées Populaires (FAP). Cela se fit après la chute de la ville de Faya entre leurs mains le 22 février 1978.

Les forces de Goukouni, les FAP, ont obtenu des moyens importants en contrepartie de la libération de Madame Françoise Claustre et ont obtenu le soutien des jeunes, en provenance du Moyen-Orient, d'Egypte et d'Arabie Saoudite, venus eux aussi défendre l'honneur du pays en soutenant Goukouni. Il s'agissait entre autres de Mahamat Issa Idriss, Mahamat Taher Saleh, Goukouni Guet, Moussa Nouri.

Mais Goukouni commença à tomber dans les mêmes travers que le Dr Abba Siddick et Hissein Habré (monopolisation du pouvoir et tribalisme). Certaines personnes de sa tribu ont commis des crimes. Elles ont aussi monopolisé les postes de commandement alors même qu'elles n'ignoraient pas la sensibilité des nomades qui représentaient 80 % des forces. Des analphabètes ont été nommés à des postes sensibles au mépris des cadres compétents, juste parce qu'ils étaient originaires du BET.

Les Forces Armées du Nord (FAN)

Lorsque Hissein Habré se sépara de Goukouni, et s'installa dans la zone Nord-Est, il baptisa ses forces, Conseil de Commandement des Forces Armées du Nord (CCFAN). Une délégation estudiantine du Caire tenta de réconcilier Habré et Goukouni et de faire en sorte que ce dernier rejoigne le gouvernement. Cette délégation était composée de Mahamat Issa Idriss, Mahamat Hamid Korom, Mahamat Tahir Mari, le défunt Moussa Nouri et de quelques autres. Ils avaient fait un long voyage, du Caire à la Libye, du désert à Kouba Olonga pour rencontrer Habré. Mais à leur arrivée, Habré ne leur offrit pas l'hospitalité. L'un de ses subordonnés aurait dit en rigolant : *« vu leur gabarit, ces hommes ont sûrement de quoi manger sur eux »*. Habré a donné rendez-vous à la délégation pour le lendemain matin, mais il quitta la ville la nuit, sans avertir ses hôtes.

Les FAN eux avaient le soutien du Soudan et de l'Egypte, et c'est par le biais du Soudan qu'elles ont pu obtenir le soutien des Etats-Unis d'Amérique. Hissein Habré avait lui, des cadres importants pour le soutenir. Ce sont ces cadres qui tissent des relations avec différents pays.

Habré était un homme courageux et instruit qui maîtrisait la gestion administrative, cela eut un effet positif sur la révolution tchadienne. Cependant, il était violent et dictateur. Certaines personnes affirment à tort que Hissein Habré a aidé l'ethnie Gorane. Hab*ré a tout fait contre les goranes*. Il a participé à la destruction de cette ethnie qui était la sienne. Habré avait peur des grandes ethnies que ce soit à l'Est, à l'Ouest, au centre ou au Sud. Il utilisait des individus appartenant à des minorités ethniques pour commettre des crimes contre l'humanité ; il a fait plus de mal aux Goranes que les colons au temps de la colonisation.

Il put ainsi mettre à mal le plan libyen de diviser le Tchad et, durant son régime, le Tchad fut connu en Afrique et au-delà.

Combats entre fractions

Beaucoup de leaders et personnalités de la révolution ont contribué à la détérioration de la situation. Il est important de mentionner aussi que les relations (positives et négatives) avec la Libye ont créé beaucoup de confusions dans le problème tchadien.

La Libye sera jugée par l'histoire. Elle a favorisé l'instauration d'une stratégie de ségrégation ethnique. Cela n'a pas rendu service à la révolution. La Libye a divisé le Frolinat et en a fait des groupuscules tribaux. Elle a poussé les armées à s'entretuer en se basant sur les origines raciales d'une part et les croyances religieuses d'autre part et à instaurer la haine entre les tribus qui les composaient.

Les Libyens ont fait en sorte que le Tchad demeure faible et incapable de reprendre Aouzou. Ils ont occupé Aouzou puis ont annoncé que le BET et une partie du Kanem étaient une partie de la Libye.

Cette provocation a cependant poussé les Tchadiens à s'unir pour défendre leur pays et leurs frontières et à dénoncer en même temps les slogans de libération lancés par les Libyens. Lorsque la Libye entra dans l'Organisation de l'Unité Africaine et que des voix s'élevèrent pour en référer la Cour, les Libyens ont commencé à se retirer de la zone. Ils conservèrent tout de même 175 km^2 à l'intérieur du territoire tchadien. Puis ils revinrent une seconde fois pour occuper toute la région et balayer du revers de la main les accords de Rome qui avaient établi les frontières. C'est pourquoi, lorsque les troupes de Goukouni ont repris la ville de Faya, chef-lieu du BET, en février 1978, les Libyens ont poussé des éléments du Volcan, dirigés par Acyl Ahmat, contre elles.

Lorsque les FAP ont attaqué le 18 février 1978 la ville de Faya Largeau et en prirent le contrôle, les Libyens incitèrent le Volcan à lancer une offensive contre Goukouni.

LE REGIME MILITAIRE (CSM)

La position de la France

Les autorités françaises ne faisaient plus confiance à Tombalbaye depuis 1972, car ils n'ont pas apprécié la rupture des relations avec Israël. Tombalbaye qui a changé de politique ne bénéficie plus de la confiance des autorités françaises.

Depuis 1933, les Français savaient que le Tchad regorge du pétrole, mais ils ont caché cette information et qualifient toujours le Tchad de pays pauvre, sans ressources. Tombalbaye a, quant à lui fait appel aux Américains de la CONOCO pour exploiter le pétrole. Ce qui lui a valu une rupture qui avait pour but de mettre un terme à l'aide des Arabes à la révolution du Frolinat, mais qui était contraire aux instructions françaises. La France reprochait aussi à Tombalbaye l'autorisation donnée à des sociétés américaines de prospecter du pétrole au Tchad, et l'introduction des sociétés commerciales concurrentes aux sociétés françaises notamment Toyota, sur le marché tchadien. La France avait auparavant un monopole sur ce marché. A ce lourd contentieux, Tombalbaye ajouta la permission donnée au Roi Fayçal de l'Arabie Saoudite de construire le centre islamique et la Grande Mosquée de N'Djaména.

Ces Français ont alors fait sortir Félix Malloum de prison pour l'installer à la Présidence. Kamougué devint ministre des Affaires étrangères dans le gouvernement de Félix Malloum, mais il continua à avoir un lien avec la sécurité intérieure. Il était de ceux qui avaient le plus de haine pour la révolution du Frolinat.

TENTATIVES DE RECONCILIATION ENTRE LE CSM ET LA PREMIERE ARMEE

La première rencontre entre les responsables du Frolinat et le Gouvernement du Conseil Supérieur Militaire (CSM) dirigé par le Général Félix Malloum, fut facilitée par l'ambassadeur du Tchad en Algérie, Naimbaye Lossimian, et le Secrétaire Général le Dr Abba Siddick. La rencontre eut lieu à Zurich, en Suisse, au mois de juillet 1977. La délégation représentant le gouvernement comprenait : le colonel Kotiga Guerina, chef de la délégation, l'ambassadeur Naimbaye Lossimian, le conseiller Senoussi Khatir, le ministre Mahamat Bachar Gadaya ainsi que d'autres personnalités. Celle du Frolinat était composée du Dr Abba Siddick, Secrétaire Général, de son adjoint, M. Abdelkader Yacine, d'Abba Dana, responsable du bureau en Algérie, d'Ahmat Nima et d'Abdelhafiz Makki, tous deux membres du bureau de l'Algérie.

Il ressort de la rencontre que les deux camps étaient disposés à poursuivre les réunions plus tard.

Le président du Gabon, El Hadj Oumar Bongo, demanda au gouvernement et au Frolinat (Première armée) de poursuivre leurs rencontres. Les deux camps se rencontrèrent en octobre 1977 à Libreville, au Gabon. La Première armée était représentée par le Dr Abba Siddick, Abdelkader Yacine, son adjoint, Abdelhafiz Makki, Senoussi Abdelkerim, Ahmat Nima et Abba Dana. La délégation du gouvernement comprenait le Général Félix Malloum, président de la République, Kamougué Wadal Abdelkader, ministre des Affaires étrangères et Gouara Lassou, membre du Conseil Supérieur Militaire.

RENCONTRE DE SEBHA

Après l'accord de Khartoun avec Habré, signé en septembre 1977, Malloum s'engagea à négocier avec les autres armées, mais Habré fit échouer ces négociations, car il voulait chasser Malloum et prendre sa place.

En 1978, une délégation du gouvernement tchadien arriva dans la ville libyenne de Sebha pour rencontrer certaines personnalités du Frolinat pour préparer une rencontre prochaine. Elle poursuivit ensuite sa mission et arriva au Soudan pour rencontrer d'autres dirigeants du Frolinat, en activité au Soudan.

Kamougué était le chef du bureau tactique de l'armée, pendant les dernières années du régime de Tombalbaye et auteur du coup d'Etat militaire du 13 avril 1975. Il prit part aux conférences de Sebha, de Benghazi et de Khartoum pour tenter une réconciliation entre le gouvernement du CSM et la révolution. Cette situation n'était cependant pas du goût de Kamougué qui se comportait comme s'il était encore au ministère des Affaires étrangères. Il s'occupait de la politique extérieure et intérieure du Tchad en profitant de la faiblesse de Malloum. Il mettait la pression sur Malloum auquel il en voulait d'avoir permis à un nordiste qu'il méprisait d'accéder au poste de Premier ministre.

Kamougué était l'homme de la France dont il obtenait un soutien matériel et moral. Il était l'homme fort de l'armée depuis le coup d'État contre le président Tombalbaye. Tous ces facteurs ont nourri chez Kamougué un sentiment de fierté et de supériorité, alors que Hissein menaçait Malloum et son régime et s'attelait à prendre le pouvoir.

Hissein Habré et Kamougué tentaient tous les deux de contrôler la situation et d'utiliser Malloum pour leur propre intérêt.

Cette même année 1978, le président soudanais Nimery demanda à rencontrer les deux camps au Soudan. La délégation du gouvernement menée par Mamari Djimet, adjoint du président du CSM, accompagné de quelques ministres arriva sur les lieux en mai 1978, mais les deux parties ne parvinrent à aucun accord.

Accord Habré-Malloum

Plutôt que d'essayer d'obtenir un accord global, le gouvernement entreprit des négociations séparées avec les différents leaders.

Or, Habré se voyait en ce moment-là, incapable de contrôler le centre nerveux de la révolution. Il se tourna vers ses alliés français et c'est ainsi que la délégation rencontra Hissein Habré à Khartoum.

Grâce à la médiation du Soudan qui, tout comme l'Égypte, préférait désormais soutenir le régime en place à N'Djaména plutôt que la rébellion, un accord dit « accord de Khartoum » fut finalement conclu, le 17 septembre 1978. Une charte fondamentale sera adoptée par la suite.

Cet accord mena à la constitution d'un nouveau gouvernement : Félix Malloum devint président de la République et Hissein Habré Premier ministre. En principe, Habré devait partager le pouvoir avec Félix Malloum, mais ce dernier se heurta à l'ambition d'Habré au bout de 5 mois seulement. Le 12 février 1979, il y eut des manifestations d'étudiantes au Lycée Félix Eboué auxquelles les forces gouvernementales ont répondu en ouvrant le feu. C'est le point de départ de la guerre civile.

Guerre Habré-Malloum (février 1979)

La guerre entre les CCFAN d'Hissein Habré et les FAT du général Malloum éclata le 12 février 1979.

Pendant le conflit entre Malloum et Habré, l'Imam Moussa Ibrahim a fermement soutenu les musulmans. Il était devenu le médiateur entre les factions du Frolinat présentes à N'Djaména et tentait de les unifier.

Certaines armées du Frolinat décidèrent de se ranger du côté de Habré, car elles considéraient qu'il appartenait à l'une des armées du Frolinat. Les cadres politiques émettaient cependant des réserves

Les FAP et les FAO, les deux plus fortes tendances de la révolution en ce moment-là, essayèrent de sauver la population prise entre deux feux et soumise à des bombardements aériens et de prévenir la destruction de la capitale. Les combats durèrent trois jours.

Goukouni s'est abstenu de porter secours à Hissein Habré avec qui il avait des relations tendues. Il pensait que la destruction des deux camps serait dans l'intérêt des FAP. Les voyous appelés « yal bandit » ont profité de ces troubles pour piller le pays, voler et faire des exactions.

Lorsque le cessez-le-feu fut déclaré, le désordre gagna dans toute la ville. Il y eut des vols généralisés et toutes les armées y prirent part, tout spécialement les éléments d'Hissein Habré qui connaissaient bien le terrain.

Malloum se réfugia au Nigeria après la rencontre de Kano 2 et Kamougué profita du cessez-le-feu pour se retirer au Sud avec ses troupes.

Les armées du Frolinat subirent alors beaucoup de pressions des pays voisins : le Niger qui partage avec le Tchad les tribus Toubou, Gorane, Arabe du Kanem et Kanembou, le Nigeria qui a une histoire commune par le royaume du Kanem-Bornou et qui a des intérêts dans le Lac Tchad et les ressources animales importées frauduleusement, le Cameroun qui a environ de 17 tribus communes avec le Tchad, le Soudan dépend des éleveurs où résident des millions de Tchadiens, la Centrafrique qui craignait l'immigration des villageois tchadiens, des commerçants, des coupeurs de routes ou « Zaraguina ».

La lutte entre Habré et Malloum a suscité des réactions en faveur d'une résolution pacifique au moyen d'un dialogue direct entre toutes les armées de l'intérieur, mais aussi de l'extérieur.

Le Soudan, la Libye, le Nigéria et le Niger ont invité les armées présentes à N'Djaména à une table ronde à Kano en mars 1979, afin de régler le conflit Malloum-Habré. Les deux y prirent part en qualité de président et de Premier ministre et il fut convenu que le 15 avril Malloum céderait le pouvoir et que le Nigeria lui accorderait l'asile politique.

Les Libyens ont tenté de faire échouer ces tentatives de réconciliation pour que les Tchadiens ne se liguent pas contre leurs intérêts. Ils ont essayé de contacter Malloum pour établir une balance nord-sud et lorsque Malloum demanda un droit d'asile politique au Nigéria, les Libyens contactèrent son fidèle soutien et homme fort du sud, Kamougué Wadal Abdelkader.

Au lieu de travailler à une bonne collaboration entre les différentes fractions présentes dans N'Djaména, Habré chercha à éliminer ceux qu'il pensait être ses concurrents. Il pensait en effet que les fractions qui avaient volé à son secours risquaient de lui « voler » un pouvoir qu'il voulait pour lui seul.

Habré utilisa de l'argent volé pour corrompre les citoyens à rallier son mouvement. Il envoya aussi des unités spéciales, portant l'uniforme des autres tendances, pour entrer dans les maisons, maltraiter les habitants et leur voler leur argent : en partant, les gens disaient qu'ils appartenaient à telle ou telle tendance. Cette méthode a porté ses fruits, car les cadres qui se sont ralliés à Habré à N'Djaména étaient incapables de faire la différence entre les soldats si ce n'est à partir de leur béret et leur uniforme. Habré réussit ainsi à ternir l'image des autres mouvements et à faire croire que le sien protégeait la population. Alors beaucoup se rallièrent à Habré qui les payait bien avec l'argent que ses unités spéciales arrachaient aux populations. Des actes qui faisaient perdre honneur et conscience aux cadres de Habré.

Il y eut du 3 au 11 avril 1979 une deuxième rencontre à Kano avec les onze tendances, mais aucun accord ne put être trouvé. Une fois la délégation revenue à N'Djaména, certaines armées encerclèrent les forces nigérianes présentes dans la capitale et leur donnèrent 24 heures pour quitter le territoire tchadien. Elles considéraient en effet que c'était le Nigeria qui avait manigancé le départ de la délégation de la négociation.

Un groupe revenu à N'Djaména forma un gouvernement présidé par Lol Mahamat Choua. Ce dernier était inconnu du Frolinat et inconnu même sur la scène politique : ce n'était qu'un simple fonctionnaire.

Dans le gouvernement de Lol Mahamat Choua composé de quatre tendances, Hissein devint ministre de la Défense. Le ministre des Finances appartenait aussi à la tendance de Hissein. Les deux se mirent d'accord pour retirer de l'argent du trésor public et des comptes de Félix Malloum. Habré mettait aussi des bâtons dans les roues du Conseil des ministres, spécialement lors des discussions sur les sujets financiers ou bien il s'absentait tout simplement. Il ne respectait pas les décisions du conseil et ne se pliait pas aux décisions du gouvernement.

Cela poussa les pays voisins à fermer leurs frontières avec le Tchad et à refuser de reconnaître ce gouvernement.

Après la formation du gouvernement de Lol Mahamat Choua par les CCFAN, les FAP et les FAO (MPLT) et les FAT du Général Djogo (vice-président), une importante délégation fut envoyée en Irak. Dirigée par le ministre Khayar, elle comprenait Mahamat Idriss, Mahamat Taher Saleh et Adam Ibn Adam. Elle aboutira à la consolidation des relations entre les deux pays.

Tentatives de réconciliation (Lagos)

Les Forces armées en présence furent en mai 1979, conviées à une autre rencontre à Lagos. Onze tendances ont pris part à la conférence. Le groupe de N'Djaména a envoyé une délégation pour représenter le gouvernement, mais les pays médiateurs refusèrent de reconnaître le gouvernement de Lol Mahamat Choua, donc sa délégation menée par son adjoint, le général Negué Djogo. Le siège de N'Djaména à la conférence, demeura vide.

Habré avait gardé la même attitude défiante jusqu'à la conférence de l'OUA du Sierra Leone (Freetown).

Lors des rencontres de Lagos pour la réconciliation nationale, il ne restait plus avec la Libye que l'armée d'Acyl Ahmat Aghbach. Après avoir fait entrer Kamougué et certains éléments du CDR à la table des négociations, les Libyens changèrent de stratégie et soutinrent apparemment l'idée de la négociation. Leurs manœuvres firent toutefois échouer la conférence de Lagos I.

La Libye avait de plus le sentiment que la France voulait se faire une place avec l'arrivée de l'émissaire français Michel Journiac dans la capitale tchadienne. Après lui, Ali Abdelsalam Al Tréki, émissaire libyen, arriva lui aussi à N'Djaména. Il rencontra le chargé des affaires libyennes qui avait fait des efforts considérables pour rapprocher les points de vue des armées du Frolinat. Lorsqu'il fut mis au courant de cela il se mit en colère et Tréki dit : « il ne faut pas que les Tchadiens s'unissent ! »

Une fois que la délégation du gouvernement Lol eut regagné N'Djaména, les armées présentes, principalement les FAN, encerclèrent les forces nigérianes, en faction à N'Djaména et leur donnèrent 24 heures pour quitter le territoire tchadien. Elles considéraient en effet que c'était le Nigeria qui avait manigancé le départ de leur délégation de Lagos.

Conférence de Chadra

En 1979, après l'accord de Lagos et avant de former le gouvernement, les personnes originaires du Kanem ont tenu une conférence dans une région agricole au Kanem, à l'ouest de Moussoro, réunion qui fut connue sous le nom de « conférence de Chadra ».

Ces personnes appartenaient aux mouvements des FAP, FAN et FAO. L'initiative venait principalement d'un groupe de cadres des FAP originaires du Kanem. Ils invitèrent secrètement les cadres des FAN du Kanem, à l'insu de Habré, ainsi que des cadres des FAO. 30 % des cadres des FAN étaient originaires du Kanem, plus de 70 % des cadres des FAP et tous les cadres des FAO étaient du Kanem, mais, malgré ces chiffres, ils se sentaient marginalisés et écartés du pouvoir. Pour que cette situation ne perdure pas, ils s'accordèrent sur deux points qu'ils devaient tous exécuter :

1. S'atteler à la prise du pouvoir.
2. Collecter des fonds au sein de la population dans l'intérêt de leur organisation ethnique.

Pour pouvoir collecter des fonds qui leur permettraient d'agir et s'atteler à la prise du pouvoir, ils imposèrent des dictats aux ressortissants du Kanem. Les « lois de Garagoche » étaient plus humaines que les leurs. Ainsi, ils imposèrent une amende à un vieillard de plus de 70 ans, sous prétexte qu'il était bâtard et ainsi, incapable de prouver sa filiation. Alors qu'il leur disait « quel crime ai-je commis si je suis un bâtard, alors que j'ai plus de 70 ans ? » Ils fixèrent aussi une amende contre un éleveur qui avait perdu les ¾ de son bétail caprin à cause des attaques répétées d'un chacal : le motif de l'amende était qu'il avait abattu le chacal alors que l'abattage des animaux sauvages serait interdit.

Sur le plan intérieur, Goukouni perdit le contrôle et la confiance de certains de ses cadres, après la conférence de

Chadra. Ils furent la cause du désordre et de l'indiscipline durant la guerre de neuf mois.

Quant à Habré, lorsqu'il apprit la tenue de cette conférence, il entreprit de liquider ses cadres qui y avaient pris part, avant qu'ils ne se retournent contre lui. En ce qui me concerne, j'étais le plus grand perdant, puisque mes cadres y avaient pris part à mon insu et en mon nom, au motif que je suis originaire du Kanem. Mon nom circulait tellement que les deux rivaux, Habré et Goukouni, me regardèrent avec méfiance et pensèrent que j'approuvais ce rassemblement ethnique, alors que je ne l'ai jamais cautionné.

La conférence de Chadra a causé beaucoup plus de mal que de bien. Elle a semé la discorde entre les fils de la région en général et avec les camarades de lutte en particulier. Les leaders n'ont plus confiance en ceux qui étaient originaires du Kanem. Un plan fut mis en place pour écarter tous ceux qui avaient pris part à ladite conférence.

La guerre MPLT-FAO (juin 1979)

Il y eut des divergences entre les cadres FAO et Idriss Adoum Moustapha, le chef d'Etat major des armées de notre mouvement. Ce dernier se comportait comme un empereur et il monopolisait tous les pouvoirs. Ni le président, ni les cadres ne valaient quelque chose à ses yeux. Sans aucune concertation, il fit changer le nom du mouvement : F.A.O devint M.P.L.T.

Cette attitude mena à un affrontement armé le 11 juin 1979 à N'Djaména.

Idriss Adoum Moustapha se replia vers la zone de Hissein Habré, il n'a plus été revu. Brahim Seïd Abdelrazak[11]

[11] Membre fondateur de la 3ème armée.

et Faki Oissaim furent arrêtés, d'autres ont été tués et les camarades me confièrent la présidence des FAO.

Lagos II (août 1979)

Il y eut des concertations entre les tendances présentes à N'Djaména. Elles décidèrent de participer à la deuxième conférence de Lagos, au mois d'août 1979. Cette conférence de Lagos tenta la réconciliation avec les onze tendances qui y prirent part. Pour éviter de s'entredéchirer, les participants à la conférence de Lagos II ont recommandé d'accepter lors des négociations la « Jamaat amal al mouchtarik » ou Front du Travail Associé, qui rassemblait six groupes politico-militaires. Il y avait en son sein des mouvements qui étaient alliés de la Libye : le CDR et la Première armée, qui avaient une présence militaire sur le terrain le Volcan, le Frolinat de Base de Hadjaro Al Senoussi, le Frolinat Fondamental du Dr Abba Siddick et le Mouvement Populaire pour la Libération du Tchad d'Abakar Abdelrahman, mouvements qui n'avaient pas eux de présence militaire sur le terrain. Il fallait aussi y ajouter les Forces Armées Tchadiennes dirigées par Kamougué.

Un accord fut signé le 21 août 1979 après beaucoup d'efforts, de rencontres bilatérales et collectives sous le patronage du vice-président Nigérian, le Général Moussa Yar Adoua et du ministre des Affaires étrangères du Liberia. Cet accord est connu sous le nom de « deuxième accord de Lagos ». C'est grâce à la médiation de la Libye, du Soudan, du Sénégal, du Niger, de la RCA, du Congo Brazzaville, du Gabon, du Bénin et du Togo qu'il a pu voir le jour.

Les tendances tchadiennes ont signé cet accord à Lagos, juste avant de monter dans l'avion qui devait les ramener à N'Djaména. Comme nous n'avions pas confiance, nous avons chargé notre pilote Zakaria Wawa Dahab de bien vérifier que l'avion nous ramenait effectivement à

N'Djaména pour former le Gouvernement d'Union Nationale de Transition (GUNT).

Après l'accord des tendances pour la réconciliation nationale, Habré se retira et retourna à l'hôtel. Et l'accord lui fut remis dans sa chambre, par Mahamat Saleh Ahmat Tibek pour qu'il le signe, après que tous les chefs des autres tendances aient apposé leur signature. Habré pensait qu'il serait le président et l'idée de choisir un autre lui était impensable et insupportable.

Après un an et demi, des élections législatives devraient être organisées. L'accord fut signé sous les auspices de l'OUA et de dix pays africains menés par le Nigeria. Cet accord consensuel n'était cependant ni du goût de la France ni du celui de la Libye même si elles l'approuvèrent pour la forme. Plusieurs facteurs internes et externes ont mené à une dégradation de la situation et à l'instabilité.

Election du président du GUNT

Le jour suivant la signature de l'accord de Lagos, le 21 août 1979, nous avons fait repartir nos délégations et il ne resta plus qu'une seule personne avec le président de chaque tendance. Les onze tendances se sont alors retrouvées pour nommer le nouveau président du Gouvernement d'Union Nationale de Transition (GUNT). La réunion eut lieu dans la salle de conférence du Palais des Hôtes sur l'île Victoria de Lagos.

Abakar Abdelrahman proposa Al Hadj Mahamat Abba Seïd et, en l'absence de Hissein, Mahamat Saleh Adam, du mouvement de Hissein proposa Goukouni Weddeye. J'ai appuyé la candidature de Goukouni au détriment de Lol Mahamat Choua, bien que nous soyons de la même région et du même mouvement, car il n'avait pas de passé politique alors que Goukouni était un révolutionnaire. Lol n'est apparu en politique qu'à partir du 29 avril 1979.

On ne pouvait comparer Lol à Goukouni parce que ce dernier était sur le terrain depuis 1968 et avait un rôle important dans la lutte tchadienne. J'ai préféré un révolutionnaire à une personne qui faisait partie du comité d'accueil et qui présidait le gouvernement qu'on avait formé avec quatre tendances comme je l'ai mentionné auparavant. Et durant trois jours, il n'y eut pas d'unanimité quant à la personne du président. Finalement, Goukouni fut choisi et Kamougué fut nommé vice-président. Goukouni avait perdu espoir à cause des discussions interminables. Il m'avait même dit durant les discussions, d'accepter Al Hadj Abba Seïd comme président et que lui serait le 2ème vice-président pendant que Kamougué serait le 1er vice-président, afin que le dialogue qui avait mené à la réconciliation nationale n'échoue pas. Mais je me suis accroché à mon choix parce que la victoire d'Abba Seïd signifiait pour moi un retour de l'influence des Libyens sur les décisions tchadiennes. On se rappelle qu'Hissein Habré ne prenait pas part à la session. Il s'était fait représenter par Mahamat Saleh Ahmat Tibek.

Dans l'intérêt général et afin que le processus de réconciliation n'échoue pas, j'avais dit que nous acceptions de sacrifier le gouvernement de Lol Mahamat Choua dans l'intérêt de cette réconciliation. Mais nous n'acceptions pas de le sacrifier dans l'intérêt d'une seule tendance.

Le comité intérimaire de gouvernement

Il fut convenu de former un organe de transition pour chaque comité transitoire représentant le GUNT pour une durée de deux mois, en vue de préparer la formation du gouvernement.

On pourrait parler sans fin de la lutte pour les postes ministériels qui eut lieu avant même le choix du président qu'il aurait fallu choisir d'abord (la nomination du président eut lieu le 21 août tandis que l'accord et le partage eurent lieu le 22 août).

FORMATION DU GOUVERNEMENT : REUNION DE DOUGUIA

Les signataires de l'accord de Lagos en 1979, se sont retrouvés pour négocier la formation du gouvernement du GUNT à Douguia. Les membres de ce gouvernement étaient issus de cultures très différentes les unes des autres et ils ne se sont jamais mis d'accord.

La réunion pour le partage des postes ministériels, sous le patronage du cabinet du président nigérian, dura de 8 heures à 2 heures du matin.

A chaque tendance fut confié un portefeuille.

Il y eut une nouvelle dispute entre les chefs des tendances : une dispute entre le Dr Abba Siddick, chef du Frolinat Fondamental et Acyl Ahmat, chef du CDR, pour obtenir le poste de ministre des Affaires étrangères, et une autre entre les sudistes et les nordistes sur le nombre de portefeuilles à distribuer.

Pendant les discussions, le Dr Abba Siddick insistait toujours pour obtenir le poste de ministre des Affaires étrangères et, bien entendu, il ne l'obtint pas. Il termina comme il avait débuté, c'est-à-dire en s'installant en France.

Habré menaça certains chefs de tendances et insista pour obtenir les ministères des Finances et de la Défense, mais certaines tendances refusèrent. Hadjaro et Habré se battaient pour récupérer le ministère de la Défense. Habré se mit en colère contre ces exigences et focalisa son discours sur Abba Siddick et Hadjaro Al Senoussi en leur disant : *« qu'est-ce que vous représentez et sur quoi vous basez-vous pour avoir de telles exigences ? Tous les deux, vous connaissez qui est Hissein et si vous demandez aux montagnes et aux ouaddis qui je suis, ils vous le diront.»* Puis il désigna Hajaro Al Senoussi en disant « *Où sont tes forces au Tchad pour que tu oses me tenir tête ?* » Al Senoussi répliqua : *« toi et Goukouni, vous étiez mes soldats dans le Frolinat. C'est moi qui vous ai fait entrer dans la révolution et vous ai appris ce que c'est qu'une révolution et je n'ai pas besoin de soldat plus grand que vous* ». La salle éclata de rire. Je suis alors intervenu pour calmer Habré. Je pensais que Hissein Habré ne méritait pas de se voir confier un ministère aussi important.

Les FAO ont obtenu les ministères de la Santé et les Ressources animales. L'ambassade de France qui suivait leurs activités de près, fit une visite de courtoisie au bureau des FAO. Nous leur firent part de l'avancement sommaire de la discussion et ils nous ont conseillé d'accepter les deux ministères parce que celui des Ressources animales était considéré comme l'un des plus importants au Tchad tout comme celui de la Santé. Les FAO acceptèrent pour une durée de six mois. Les FAP ont obtenu le Secrétariat du Gouvernement et les Affaires religieuses.

Après la clôture des réunions de Lagos, tous les chefs des tendances regagnèrent N'Djaména, à l'exception d'Acyl Ahmat qui se dirigea en Libye où se trouvait sa force armée et il ne rentra qu'après le déclenchement de la guerre de 1980. Cependant, il envoya Adam Manani à N'Djaména. Le CDR retourna en Libye. Une fois à N'Djaména, nous nous sommes tous revus dans la capitale afin de former et annoncer le gouvernement du GUNT.

Pendant la rencontre de Douguia, les troupes françaises stationnées à N'Djaména ont offert un soutien logistique et sécuritaire permanemment, entre Douguia et N'Djaména.

Le 4 novembre 1979, débutèrent les rencontres de Douguia qui durèrent six jours. Il y avait des tensions entre les différents groupes. Tension entre Abba Siddick et le CDR représenté par Adoum Manani au poste de ministre des Affaires étrangères, Acyl Ahmat étant reparti. Le Dr Abba Siddick exigea le poste de ministre des Affaires étrangères au moment où Adoum Manani, le représentant d'Acyl Ahmat, insistait pour présenter la candidature d'Acyl. Les Français préféraient implicitement Abba Sidick, au poste des Affaires étrangères. Cependant, bien que haut cadre,

Abba Siddick n'avait aucune force armée ou base populaire et ne jouissait pas du soutien des cadres.

La tension dans le regroupement FAP, FAN et FAO est perceptible. Etant donné que les FAN et les FAO avaient chacune deux ministères, Goukouni exigea un ministère supplémentaire parce que le poste de secrétaire général de la présidence n'équivalait pas à un poste de ministre. Habré et moi nous nous sommes mis d'accord pour refuser l'octroi d'un ministère supplémentaire. Ce fut là le premier point d'accord entre Habré et moi. Le second point fut notre position commune pour le départ de la force libyenne du Tchad. Après des tentatives désespérées, Goukouni accepta le fait. De plus, Goukouni essaya de briguer le ministère de la Santé qui avait été réservé aux FAO en suggérant de m'y nommer comme Secrétaire d'Etat. J'ai refusé, car la conférence avait limité le nombre des membres du gouvernement. Il n'avait pas le droit d'ajouter ou de retrancher des ministres.

Il y avait aussi la tension entre Kamougué et le Dr Facho Balam parce que Kamougué refusait d'octroyer à Balam un portefeuille sous prétexte que ce dernier n'avait aucune influence au Sud. Le Sud avait dix postes ministériels, de façon à ce que chaque préfecture ait deux ministères : Kamougué devait donner à Facho Balam, deux ministères qui revenaient à la préfecture du Mayo-Kebbi. Nous avons fourni avec Ibrahim Youssouf membre actif des FAP et Hissein Habré, des efforts considérables pour que Kamougué cède au mouvement de Facho. J'ai accompagné Ibrahim Youssouf et Habré pour rencontrer Kamougué dans sa chambre d'hôtel et lui faire savoir que son refus de donner un portefeuille à Facho Balam allait faire échouer l'accord et qu'il devait en endosser la responsabilité. Kamougué prit peur et accepta d'octroyer à Facho Balam le ministère du Travail. Il est important de dire que j'avais rencontré en aparté le colonel Routouang Yoma Golom, aide de camp de Kamougué, à sa demande. Il me fit part de son désaccord avec Kamougué sur la question de Facho Balam. Il était originaire de la même région que Facho.

Après d'âpres discussions Habré demanda un temps de réflexion pour voir quel ministère céder au mouvement de Facho Balam. Nous lui avons accordé le temps nécessaire et il accepta d'abandonner le ministère de la Fonction publique au profit de Facho. En fait, Balam n'avait ni représentation ni base au pays et ils n'étaient que trois : lui, Abdou Kimagouar et Ibrahim Mahdi Gustave.

Le GUNT fut formé par le partage des portefeuilles comme suit :

Au Front du Travail Associé, composé de six tendances (cinq d'entre elles étaient des branches de la Première armée et la 6ème s'était désolidarisée des FAO). Il fut donné ce qui suit :

1. Le ministère de l'Intérieur (Mahamat Abba, 1ère armée)
2. Le ministère des Affaires étrangères (Acyl Ahmat Aghbach, CDR)
3. Le ministère de l'Education (Abba Siddick, Frolinat Fondamental)
4. Le ministère de l'Habitat et de l'Urbanisme, (Hadjaro Al Senoussi, Frolinat original)
5. Le ministère des Travaux publics (Abdallah Adoum Dana, Volcan)
6. Le ministère des Transports (Ramat Al Ghali, Mouvement Populaire pour la Libération du Tchad)[12]
7. Le ministère de la Défense (Hissein Habré, FAN)
8. Le ministère de la Santé et des Affaires sociales (Moussa Medella, FAO)

---

12 Abakar Mahamat Abderaman était l'un des signataires de l'accord, mais à cause de sa position et de ses liens avec la Libye, j'ai personnellement aidé Ramat à être ministre à sa place. Car ils étaient de la même tendance.

9. Le président du gouvernement (Goukouni Weddey, FAP)

Les autres postes ont été pourvus par consensus.

Ainsi, après une lutte qui consomma le temps et les efforts des Tchadiens, l'accord sur la formation du gouvernement eut lieu et fut annoncé par décret le 11 novembre 1979. Mais la cohésion et la solidarité gouvernementale, voire le respect mutuel sont absents. Les Conseils des ministres se tenaient à la chambre de commerce de 10h à 17h sans interruption. La plupart des ministres viennent en conseil armés en plus de leurs gardes du corps qui restaient à l'extérieur de la salle.

Lors des Conseils des ministres, les membres du gouvernement n'ont jamais discuté de l'intérêt du pays. Ils ne se respectaient pas… Les insultes fusaient. Mahamat Abba, ministre de l'Intérieur a un jour demandé la parole en Conseil des ministres et alors Abba Siddick a chuchoté « qu'est-ce qu'il va dire celui-là ? » sur quoi Hissein Habré a répondu : « laisse-le, il est tombé sur la tête ». Ceci montre dans quel esprit nous travaillions au sein des gouvernements. De plus, nous nous faisions de gros yeux. Nous venions tous armés jusqu'aux dents au Conseil, comme si nous étions dans un film « Western ». On restait sans manger ni boire de 10h00 à 16h00 et j'étais le seul à sortir pour prier.

Une fois, j'ai pris la parole pour régler un problème entre Habré et Kamougué au sujet des prisonniers. Tous les deux emprisonnaient des Tchadiens, ce qui n'était pas normal. Alors Mahamat Abba Séïd m'a lancé : « Hey Moussa. Bon sang ! Toi aussi tu comprends ce qu'on dit ! »

A la fin de chaque Conseil, le compte rendu était aussitôt envoyé aux différentes Ambassades, selon les affinités des uns et des autres.

La guerre de 9 mois (mars 1980)

Lorsque la révolution arriva à N'Djaména, après l'accord de Lagos, elle avait plusieurs chefs. Chaque chef faisait comme s'il était le seul sur la scène. Cela a mené à la guerre, dite de neuf mois à N'Djaména. La division entre les composantes du gouvernement s'est accentuée avec le concours de la Libye. D'un côté, ceux qui soutenaient la décision du gouvernement pour le retrait des forces libyennes et ceux qui s'y opposaient de l'autre.

Les causes internes et externes ont mené à une guerre civile destructrice de neuf mois. Le Tchad y a perdu ses meilleurs cadres et cette guerre a profondément déchiré la nation. Si les ambitions et les désirs illégitimes de certains menèrent au conflit, seule la sagesse de quelques Tchadiens sauva le pays.

En février 1980, l'Imam Moussa Ibrahim rassembla toutes les factions à la Grande Mosquée et essaya de les amener à la raison après la prière du Maghrib jusqu'à 2 heures du matin, mais les choses restèrent en l'état. Ce fut la dernière tentative d'unification des factions avant la guerre de neuf mois qui éclata le 20 mars 1980. Cela amena l'Imam Moussa Ibrahim à se ranger du côté de Hissein Habré et à l'aider à renouer des relations avec le monde arabe.

Ferments internes de la guerre des 9 mois

Malgré la modestie affichée par chacun pour accepter l'autre et se mettre d'accord, l'intention de trois tendances était claire.

Le premier groupe avait un nombre important de combattants et jouissait d'une certaine autonomie vis-à-vis de la Libye et de la France. Il se composait des FAP, des FAN et des FAO.

Quant au deuxième groupe, il était sous l'influence des Libyens qui l'avaient créé en rassemblant le Front Travail

Associé, composé du Conseil Démocratique Révolutionnaire, de la Première armée, du Frolinat de Base, et Frolinat Fondamental, du Mouvement Populaire pour la Libération du Tchad et le Volcan. Lorsque les armées tchadiennes se sont unifiées en 1981 au sein du Frolinat Unifié, Issa Abdallah en est devenu le Secrétaire Général.

Les Libyens s'étaient rapprochés de lui au point de lui faire confiance. Il ne faisait aucun effort pour se rapprocher des tchadiens et même des combattants de la révolution. Il ne s'est jamais rendu sur le terrain. Il n'a jamais visité les blessés. Sa première préoccupation était de prendre le pouvoir. A N'Djaména, les Libyens avaient commencé à réfectionner et à équiper sa maison qui était devenue plus jolie que la résidence du président. On dit qu'il était d'origine soudanaise, mais aussi qu'il était de la région du Ouaddaï. On ne lui connait cependant aucun parent ou proche au Ouaddaï. Il rejoint la révolution à partir Soudan et fit sa première apparition dans la Première armée.

Quant au troisième groupe, il était composé d'un résidu de l'ancien régime de Félix Malloum : les Forces Armées Tchadiennes (FAT). L'Union Nationale Démocratique (UND) qui était d'obédience marxiste, était née lors de la conférence de réconciliation de Lagos. Les FAT ne se gênaient pas d'être sous influence française, avaient grand espoir en la France, mais elles reçurent avec surprise, le soutien de la Libye, à travers Acyl Ahmat.

La cohérence n'existait pas entre ces trois groupes et en leur sein.

En ce qui concerne le premier groupe, il y eut un conflit entre les trois armées chez le Chef d'Etat major. Le président était des FAP et le ministre de la Défense était des FAN, et chacun d'eux entreprit de faire dégénérer la situation à son profit.

Goukouni qui, auparavant n'avait pas d'ambition pour le pouvoir y avait goûté et entendait y rester. Cela ne pouvait se faire qu'en écartant son ambitieux rival, Habré, au moment où celui-ci tentait de mettre la main sur les armées pour contrôler la situation et jouer à un jeu dangereux avec Goukouni. C'est la raison pour laquelle il ne voulait pas céder à mon mouvement le poste de Chef d'état-major. Il disait ne pas avoir confiance, bien que les trois tendances soient composées de Goranes. Le conflit régionaliste jouait un rôle important au sein même de chaque fraction. Les originaires du Ouaddaï avaient ainsi formé un lobby au sein des FAP, le FLOK et seuls les Ouaddaïens pouvaient y adhérer. Les originaires du Kanem en firent autant. Les FAP ont lancé des groupes tribaux d'« autodéfense », et les FAN formaient un lobby autour de Habré. Le président ne s'y retrouvait pas dans ces formations nouvelles.

La situation s'est rapidement dégradée. Les citoyens furent obligés de fuir la capitale en mars 1980, mais dans le reste du pays la situation était aussi difficile.

Adoum Togoï, Chef d'Etat major des FAP, convoqua tous les cadres originaires du Kanem, dans la ville de Moussoro, pour résoudre ces problèmes qui causaient du tort aux citoyens. Mais il ne parvint pas à les résoudre avant que la guerre n'éclate. Il avait mentionné la tyrannie de certains combattants et ceux-ci lui firent alors porter les selles et le guidèrent par les brides tel un animal dans la localité de Doum-Doum, dans la région du Lac Tchad.

Sur le plan militaire, l'armée régulière s'est fragmentée en petits groupuscules formés sur des bases ethniques. Certains soldats ont rejoint les mouvements politiques, et leurs responsables militaires se comportaient dans leur zone en dictateurs absolus. Il y avait des tensions entre les FAP et les FAN à cause de ces combattants qui ralliaient l'un ou l'autre camp avec le matériel de guerre de leur mouvement d'origine. Bref, l'armée nationale disparut !

La police militaire mixte était composée d'éléments de toutes les armées. Elle devait assurer la sécurité et surtout empêcher les errements des soldats. Mais lorsqu'un groupe apprenait que l'un de ses éléments était arrêté, il allait le récupérer de force sans chercher à connaître les raisons de son arrestation. Dadi, le responsable de la police militaire était un agent de Habré, et son adjoint, Mahamat Nour Aghbach, restaient fermes dans l'application des décisions. La guerre a éclaté dans l'unité sur laquelle nous avions fondé nos espoirs.

C'est là que les affrontements ont commencé. Ils se sont ensuite propagés dans la capitale avec l'apparition d'éléments armés.

Goukouni traitait inégalement les combattants et donnait la priorité aux membres de sa fraction sans tenir compte des autres et de leurs besoins. En tant que ministre de la Santé, j'ai vécu ce qui s'est passé durant la guerre de 1980. Je supervisais tout ce qui concernait la santé de la population et les soins donnés à ceux qui en avaient besoin. On se souciait de la santé de la population tout comme l'on se souciait de celle du soldat. Nous avons su comment les FAP envoyaient leurs blessés se faire soigner en Espagne, par l'intermédiaire de l'avocat Narthi, à mon insu, en réquisitionnant tous les moyens nécessaires sans s'occuper des autres soldats.

Goukouni fit bloquer les quartiers qu'il contrôlait et Habré en fit autant.

Cette situation gagna les autres localités contrôlées par les armées, membres du gouvernement, puis l'ensemble du territoire national.

Au sein même de sa fraction, Goukouni monopolisa les moyens pour les mettre au service de son mouvement. Cette attitude a complètement détourné Goukouni du chemin de la révolution et a eu un impact négatif sur les combattants qui avaient pris les armes pour le bien de la nation et du peuple et avaient tout sacrifié pour instaurer la justice, la liberté et l'égalité. La ségrégation qui prévalait dans la gestion du matériel fit perdre aux combattants le sens de la révolution. Ceux qui auparavant n'abandonnaient ni leurs frères tombés sur le champ de bataille ni leurs blessés ne s'en souciaient plus et leur sentiment de combattre pour une cause juste s'était effrité. Ils perdirent aussi leur confiance envers le gouvernement et ce fut l'une des causes principales qui avait fait durer la guerre. Ce comportement a anéanti les efforts des responsables des FAP au gouvernement qui n'avaient rien à offrir au peuple.

Les citoyens n'eurent plus confiance dans les combattants et se mirent à haïr la révolution du Frolinat à cause de ces comportements.

Les FAN craignaient le Front du Travail Associé, les FAP et surtout la protection libyenne offerte aux armées d'Acyl Ahmat et de Goukouni. Habré trouvait que ces deux leaders représentaient une menace. Il considérait qu'ils étaient des alliés de la Libye, ce qui n'était pas vrai. C'était un prétexte pour déclencher la guerre. Pourtant, Habré lui aussi avait des alliés comme le Soudan et l'Egypte qui lui fournissaient du matériel.

Hissein Habré se vit confier le poste de ministre de la Défense dans le gouvernement présidé par Goukouni Weddeye. Etant à ce poste stratégique, il outrepassa ses pouvoirs en ne respectant pas l'une des conditions sur laquelle tous s'étaient pourtant mis d'accord : le départ des troupes françaises du Tchad. Il préféra passer un accord avec les Français parce qu'il avait l'intention secrète de faire dégénérer la situation. Il se comportait comme s'il était seul sur la scène et comme si lui et son mouvement étaient au-dessus de la loi.

Il entreprit aussi de tuer nombre de Tchadiens instruits, alors que le pays avait le plus besoin d'eux. Il a tué son ami intime, Béchir Mahamat. Il instaura le tribalisme au sein même de son mouvement, en confiant les postes importants aux membres de sa famille Gorane Anakaza, puis aux Goranes en général, et seulement après, aux autres « grandes ethnies ».

Cette ségrégation entraîna une dégradation de la situation dans l'un de ses camps militaires, à la périphérie de N'Djaména, le 20 février 1980 : onze personnes furent tuées et sept autres blessées. Ces dernières ont été transportées à l'hôpital central et admises en réanimation et je les ai accompagnées, en tant que ministre de la Santé. Mais dès que j'avais quitté l'hôpital, Hissein envoya une unité pour menacer le directeur, le Dr Abdallah. Ils ramenèrent les blessés au camp et les exécutèrent parce qu'ils appartenaient à d'autres ethnies que la sienne.

Je cite un incident qui est arrivé en mars 1980, le troisième jour de la guerre. Une femme d'une grande beauté se trouvait au bord du fleuve, face à l'ancien bureau de douanes. Elle était là depuis trois jours. Tout le monde avait fui. Elle était seule à la maison avec un enfant. Elle tenait une écuelle à la main pour chercher de quoi manger. Sur son chemin, elle est tombée sur des combattants du GUNT qui lui ont ordonné de rentrer chez elle, car il n'y aucune boutique où elle pourrait acheter de la nourriture. En rebroussant chemin, elle est tombée sur des combattants FAN. Ceux-ci l'ont prise et l'ont emmené derrière la maison de Habré, au bord du fleuve, et l'ont exécuté. Quant à son enfant qui était à la maison, on ne sait pas ce qu'il est devenu. Le 15 décembre suivant, derrière la maison de Habré, nous avons trouvé un crâne avec beaucoup de cheveux. J'en ai déduit que ce devrait être celui de cette pauvre femme. Quel était le but de toute cette sauvagerie ?

Les problèmes personnels étaient l'un des facteurs de la lutte comme l'était l'enlèvement de certains soldats. Un des éléments du Conseil Démocratique Révolutionnaire a ainsi disparu de l'hôtel « La Tchadienne » dans des circonstances restées non élucidées. On a alors accusé Moussa Makaye[13] et

[13] Mort à cause d'une balle perdue du côté de Ziguegue, dans la région du Kanem.

Djibrine Hissein Grinki. Hassan Hissein vint avec Moussa Makaye en tant qu'émissaires de la CDR, en provenance de la Libye. Il me rencontra, puis il vit Goukouni et Habré. Plus tard, Habré l'invita à dîner. Habré ordonna à ses éléments de le torturer pour savoir ce qu'il faisait au sein du CDR et en Libye. Suite à cette torture, Hassan ne pouvait même pas se tenir debout. Il a ensuite été tué et jeté dans le fleuve. Les cadres Boulala accusèrent Moussa Makaye et Djibrine Grinki de l'avoir tué. Ils menèrent des enquêtes et distribuèrent au nom des cadres Boulala, des tracts signés « Mel Biné ».

L'armée de Hissein était un Etat dans un l'État. Ses troupes campaient à l'intérieur des villes, ne respectant pas la règle convenue par tous de retirer les troupes de la capitale à une distance de 100 km. Hissein imposa aux commerçants de lourdes taxes, surtout dans les régions éloignées de la capitale. Sous son régime, il faisait payer aux Tchadiens l'effort de guerre et payait les demi-salaires aux fonctionnaires. Tous ces facteurs réunis menèrent à une dégradation de la situation.

L'État de Kamougue au Sud

A la défaite de Malloum en février 1978, Kamougué se retira donc au Sud avec ses troupes. Il s'y installa et établit une institution politique sudiste. Il imposa son autorité et réussit à inciter les sudistes à s'opposer à la visite de Goukouni dans le Sud après la fin de la guerre de 9 mois. Goukouni avait demandé aux cadres sudistes ayant une influence dans la zone méridionale de l'aider à faire échouer le plan de Kamougué qui visait à créer un Etat au Sud. Goukouni entreprit une visite au Sud, accompagné de quelques cadres influents du Frolinat tel qu'Abdelkader Yacine. Kamougué incita les femmes à huer Goukouni lors d'une réunion à Bongor. Elles l'accusaient de boire de l'alcool et certaines disaient que leurs maris étaient des soldats prisonniers dans le Nord, réduits en esclavage. Ce qui était faux, parce que, après les accords de Lagos, tous les prisonniers retenus au Nord avaient été relâchés. C'était un coup monté par Kamougué.

Après avoir annexé Aouzou, les Libyens le contactèrent : ils voulaient aider Kamougué à établir un rapport de force avec la révolution. Ils lui envoyèrent 500 combattants du Conseil Démocratique Révolutionnaire, allié de la Libye, et de ceux qui s'étaient réfugiés en Libye après la défaite de Faya ; ils établirent un pont aérien entre Tripoli et Moundou au Sud pour faire transiter les aides destinées à Kamougué.

En établissant un équilibre entre le Nord et le Sud, les Libyens voulaient en fait susciter chez Kamougué un sentiment tribaliste. Lorsque Kamougué reprit des forces, grâce au soutien libyen, il se mit à commettre des massacres pour se venger de sa défaite à Faya et N'Djaména. Il commença d'abord par faire massacrer les nordistes musulmans se trouvant au sud du pays, les Goranes et les Kanembous, puis il généralisa son crime à tous les musulmans, connu sous le nom de « massacre de Moundou ». Malgré ces massacres, les Libyens ont continué à le soutenir et à renforcer son poids politique et militaire au Tchad.

Après la formation du GUNT, bien qu'il soit devenu vice-président du GUNT et que le sud ait obtenu 10 portefeuilles ministériels alors que les nordistes majoritaires n'en avaient obtenu que 12, Kamougué s'installa au Sud et forma une sorte d'Etat indépendant. Il laissa juste quelques personnes pour le représenter au gouvernement. Il voulait essayer de rassembler ses troupes pour lui permettre d'influencer plus tard sur le cours des événements et avoir un contrôle total sur le Sud du pays. Il pourrait alors hériter du Nord une fois que l'influence Nordiste se serait affaiblie suite au conflit sanglant opposant les nordistes entre eux. Il essaya avec l'aide de la Libye de faire chuter le gouvernement.

Il mit la main sur les sociétés publiques et les institutions de l'Etat, avec le soutien de la France et de la Libye. Il put ainsi diriger le Sud de manière autonome. La coopération libyenne avec Kamougué força Hissein Habré à s'adapter momentanément. Kamougué profita de la mésentente entre Habré et Goukouni et commença à penser à un projet de séparation du Sud, toujours avec le soutien de la Libye. Il s'attelait à répandre l'idée de séparation du Sud, surtout parmi les étudiants sudistes, en faisant une ségrégation entre les étudiants à l'étranger. Il présenta les noms des étudiants sudistes aux organismes internationaux et aux pays africains amis, pour leur faire octroyer des bourses d'études et une aide financière sous prétexte qu'ils étaient des réfugiés et cela sans aucune considération pour les autres étudiants

Kamougué Wadal Abdelkader a ainsi contribué à compliquer le problème tchadien et s'est mobilisé contre l'unité de son peuple. Il ne respecta pas les accords.

L'accord de Lagos, par exemple, prévoyait la fermeture des radios illégales et l'échange de prisonniers entre les armées. Les FAP relâchèrent près de 1000 prisonniers, la Troisième armée relâcha 47 fonctionnaires avec leurs familles, en présence de la Croix Rouge et du Général Negué Djogo, avec des mesures d'accompagnement pour les aider à rentrer chez eux. Mais Kamougué lui, ne ferma aucune radio dans le Sud et ne relâcha aucun des prisonniers pris dans le tas des populations originaires du nord, vivant au Sud. Il les tuait comme le faisait Hissein Habré.

Les ferments internationaux de la guerre de 9 mois

La situation s'aggrava encore avec l'intervention des pays voisins alliés des différentes factions : le Soudan et l'Egypte aux côtés de Habré (alors que le Soudan avait un droit sur les composantes du Frolinat qui avaient été créées sur son territoire) et la Libye aux côtés du Gouvernement d'Union Nationale de Transition.

La France et la Libye, telles des bêtes féroces se sont rencontrées autour de la proie, qu'est le Tchad. Elles se sont mises d'accord pour que l'instabilité règne dans le pays. Il y avait un accord franco-libyen pour anéantir la révolution. Les objectifs des deux pays étaient certes différents, mais le résultat fut pour le plus grand bénéfice de la France et de la Libye.

La Libye sut que son occupation de la bande d'Aouzou avait révolté le Frolinat et ses diverses armées et les événements de Faya avaient laissé de mauvais souvenirs dans la région. La mainmise de la Libye sur le Tchad et son désaccord permanent avec Habré ont fait qu'il ne lui restait plus comme allié que le CDR d'Acyl Ahmat.

Les Libyens, qui n'avaient accepté les résultats de l'accord de Lagos qu'à contrecœur, ont utilisé des éléments du CDR pour détériorer l'atmosphère, avant de faire dégénérer la situation. Ils ont expressément empêché Acyl Ahmat, ministre des Affaires étrangères du gouvernement de transition, de rentrer à N'Djaména et de prendre effectivement ses fonctions au gouvernement.

Les Français non plus n'étaient pas satisfaits des résultats de l'accord de Lagos parce qu'ils en avaient été écartés et qu'ils n'avaient pas pu placer quelqu'un qui pouvait faire pencher la balance de leur côté. Michel Chatelin, directeur des Affaires africaines au Quai d'Orsay, me rappela plus tard, en 1985, que la France n'avait pas du tout apprécié la conférence de Lagos parce qu'elle n'y avait pas pris part. La France, en tant que pays colonisateur, se voyait propriétaire du Tchad. Kadhafi avait des moyens et une proximité géographique avec le Tchad qui lui faisait imaginer une fusion des deux pays et l'utilisation des cadres tchadiens, pour les intérêts de la seule Libye. Il a aussi poussé Kamougué à créer des troubles au Sud. Mais Habré a été plus rapide qu'eux et il s'empressa de faire dégénérer la situation et d'anéantir complètement la révolution. La France avait en vain, essayé avec Michel Journiac de réconcilier Habré et Kamougué, mais Michel Journiac s'en retourna les mains vides par le Cameroun et, en cours de route, son avion s'écrasa.

Certaines armées commencèrent à se méfier de Goukouni qui se rapprochait de la France en particulier après la visite de ce responsable français, Michel Journiac, venu rencontrer les autorités tchadiennes et son ambassadeur à N'Djaména. Le libyen Ali Abdelsalam Al Treki arriva à son tour dans la capitale le même jour, accompagné de l'un des membres du trio. Le jour même, il rencontra le chargé d'affaires libyen. Deux délégations gouvernementales furent constituées au cours d'un Conseil des ministres : l'une, pour rencontrer l'émissaire français et l'autre à laquelle j'appartenais, pour rencontrer l'émissaire libyen. La délégation était dirigée par Mahamat Abba Seïd alors que la 1ère était menée par le Dr Abba Siddick. Le chef de la délégation française en partance pour le Cameroun mourut dans un accident d'avion. Après le retour de la délégation libyenne, le consul libyen avait été rappelé parce qu'il essayait d'unifier toutes les armées tchadiennes, ce qui n'était pas conforme à sa mission qui était au contraire de diviser davantage les Tchadiens. Lui-même confirma cela en 1983 à Benghazi.

Les médias étrangers faisaient croire que la guerre était entre le FAP de Goukouni et le FAN de Habré. J'étais ministre. Le chef du gouvernement m'envoya expliquer la situation aux présidents camerounais, Ahmadou Ahidjo, nigérian Shéhu Shagari et nigérien Seini Kountché. Il était clair, pour l'opinion internationale que Habré s'était rebellé contre le gouvernement. Tous les chefs d'État prirent position contre Habré, sauf le Sénégal, l'Egypte, le Soudan et le Zaïre. Les Français étaient dans une position embarrassante : ils ne pouvaient pas prendre le parti du

Frolinat, que ce soit avec Goukouni ou Habré qui était lui-même du Frolinat. Ils voulaient prendre plutôt le parti de Kamougué, mais celui-ci s'allia à Goukouni.

Les affrontements

Le 21 mars 1980 se déclencha une nouvelle guerre. Habré a eu le soutien des membres de son ethnie dans les régions de Faya, Moussoro, Dourbali et Mongo et il annonça que cette guerre se terminerait en sa faveur et qu'il pouvait défaire ses ennemis en moins de 6 heures. Mais la guerre dura neuf mois. Si la guerre dura longtemps, c'est justement parce que les cadres des FAN pensaient qu'ils étaient capables de la remporter rapidement.

Les cadres des FAP pensaient eux aussi pouvoir gagner la bataille de N'Djaména en une semaine tout au plus.

La première semaine, les combats furent intenses à cause de l'assurance de chaque camp de pouvoir gagner la guerre. Les pertes matérielles et humaines furent énormes dans les deux camps. Vu l'intensité des combats, les Camerounais de Kousseri ont lancé une blague qui disait : si tu veux allumer une cigarette il suffit juste que tu la diriges vers N'Djaména et elle s'allumera avec le feu des combats. »

Quatre tendances étaient donc avec Habré et sept avec le GUNT.

Goukouni était contre la guerre, mais à peine les combats éclatèrent que certaines tendances composant le gouvernement et des signataires de l'accord de Lagos annoncèrent qu'ils se ralliaient au camp de Habré contre le GUNT. Ce fut le cas du Frolinat Fondamental dirigé par Hadjaro Al Senoussi et du Frolinat Original dirigé par Abba Siddick. Les dénominations de ces mouvements prouvent à suffisance le désaccord qui existait entre eux, alors qu'ils se réclamaient pourtant tous du Frolinat. Ces deux mouvements n'avaient pas de présence militaire. Hadjaro

Senoussi rejoignit plus tard le GUNT (en 1986) et fut nommé ministre de la Défense à Bardaï. Le Mouvement Populaire pour la Libération du Tchad, dirigé par Abakar Abderaman se rallia également à Habré, mais ce dernier le récompensa en monnaie de singe, en l'emprisonnant avec son adjoint durant la guerre. Nous les avons fait relâcher après avoir pris le contrôle de la situation et chassé Habré.

Goukouni, fut quant à lui, rejoint par les armées des FAT et les FAO alors que la base de ce mouvement s'était ralliée à Habré à cause du comportement des éléments des FAP envers eux. Il ne restait avec moi que six cadres quand nous avions rejoint Goukouni. La Première armée de Mahamat Abba Seïd, le Volcan d'Abdoulaye Adam Dana ont aussi rallié Goukouni avec l'Union Nationale Démocratique de Facho Balam.

En ce qui concerne le CDR, la situation était plus complexe. Il y eut des contacts le 25 avril 1980 entre Hissein et les Libyens. La délégation de Hissein était composée de Mouleye Seid et du capitaine Mahmoud Abderaman. Les troupes d'Acyl étaient sur le territoire libyen et dès qu'Acyl Ahmat apprit le rapprochement des Libyens avec Habré, il alla trouver ceux-ci pour se mettre à leur disposition et les assurer de sa capacité à mener l'opération en lieu et place de Habré.

Les relations entre Hissein et les Libyens étaient tendues, car ils n'arrivaient pas à se mettre d'accord. La proposition d'Acyl fit alors échouer les pourparlers entre les Libyens et la délégation de Hissein. La Libye accorda son soutien aux troupes d'Acyl qui entrèrent sur le territoire tchadien puis arrivèrent à N'Djaména le 29 avril 1980. Ces troupes vinrent prêter main-forte à celle du gouvernement contre Habré. Mais, malgré l'accord, les Libyens refusèrent de fournir les moyens nécessaires. Ils attendirent une seconde phase de leur plan, suggérée par Acyl, qui devait amener Goukouni à signer un accord militaire avec les Libyens. Cela devait permettre de renverser le rapport des forces.

Habré tentait de se faire aider par les Français qui se trouvaient dans leur base à Farcha. Comme les forces de Goukouni étaient présentes dans les alentours, les Français essayèrent d'aider Habré en passant par le Sud, mais Kamougué leur barra la route parce qu'il s'était rallié à Goukouni. Ils ne pouvaient se rendre à Kousseri que pendant la nuit.

Habré et ses forces étaient encerclés. Leurs ennemis avaient bloqué la route menant vers Kousseri et Kamougué les empêchait de se faufiler vers le Sud ; il ne leur restait plus qu'à se diriger vers l'Est. Les troupes de Habré étaient mieux organisées que les nôtres, mais moins nombreuses. Les mouvements qui s'étaient ralliés à lui ne possédaient pas de commandement et les troupes de Habré ne pouvaient pas combler le vide avec des renforts, qui, s'il y en avait, avaient besoin de temps, pour arriver.

Dans l'autre camp, le CDR s'étant allié aux troupes dirigées par le commandant Ngaliam qui étaient prêtes et Kamougué avait envoyé environ 270 éléments. Nos forces étaient devenues plus nombreuses, mais elles étaient moins bien organisées. Alors, malgré le nombre, nous n'avons pas pu gagner la guerre rapidement.

Les fractions qui composaient les forces gouvernementales ne se faisaient pas confiance. Si la Première armée recevait un renfort, le CDR voyait que ce renforcement allait l'affaiblir parce que lui, était considéré comme appartenant aux tribus arabes. De même, les FAP voyaient d'un mauvais œil mes troupes et étaient suspicieuses. Elles pensaient que mes troupes allaient affaiblir leur influence sur les Goranes. Certains conseillers des FAP ne m'ont ainsi pas permis de recevoir d'aide en armement lourd – malgré leur disponibilité – sous prétexte que je constituais pour eux une menace plus grande que Habré. C'est ce qu'avoua Mahamat

Hamid Moussa « Karom » lorsque Adoum Togoï me remit des armes stockées à l'aéroport.

Il est important de rappeler également que la discipline militaire manquait chez les FAP. Elles ont profité de la non-maitrise des éléments FAP par Goukouni et du fait qu'il traitait tout le monde sur un même pied d'égalité, pour faire complètement fi de la discipline militaire.

Les groupuscules ont fait perdre au métier des armes sa valeur. En effet, lorsque les Libyens sont venus, avec quelques troupes composées de personnes à la peau brune pour coordonner avec nous la lutte contre les CCFAN de Habré, certains éléments des FAP ont fait échouer des manœuvres et l'affrontement se faisait de manière aléatoire. Les commandants avaient des groupes qui n'obéissaient qu'à eux et qui se faisaient la concurrence pour mettre la main sur les meilleures armes, surtout les armes lourdes. J'ai vu cela se répercuter sur leur moral et sur la coordination des troupes. Même Goukouni qui était président ne pouvait donner des ordres aux troupes. Vu ce désordre, on fit venir le général Negué Djogo pour gérer l'unité des opérations de guerre en raison de son expérience dans l'armée. Mais il démissionna lorsque ses ordres ne furent pas exécutés. Ensuite, on fit venir Hamid Moussaye du commandement des FAP, pour devenir le commandant des opérations de guerre, mais il échoua lui aussi. Un soir, je me suis rendu au bureau des opérations, en plein combat et je n'y ai trouvé personne, pas même le gardien. Le désordre était criant. C'est l'une des choses qui ont fait durer la guerre. On était incapable de la remporter malgré tous les moyens mis à notre disposition.

Nous avons perdu pendant la première semaine de combat, les meilleurs cadres militaires dans des combats intenses et acharnés. Après cinq mois de guerre, d'autres combats tout aussi intenses ont éclaté après que des forces libyennes aient rejoint les nôtres lors de « la guerre de Diguel ». Il y eut des pertes énormes parmi les belligérants, mais de notre côté et du côté des Libyens, les pertes étaient dues au désordre et à l'indiscipline. Une fois parvenus au centre de N'Djaména, près de la Grande Mosquée, il y eut une débandade suite aux pertes énormes, ce qui permit à l'ennemi de faire beaucoup de prisonniers. Durant cette bataille, il y eut deux incidents inédits qui méritent d'être notés

Premier incident : comme il est de coutume chez les soldats de retirer leurs morts, nous étions en train de ramasser les nôtres pour les enterrer. Lorsque j'ai vu un groupe de Libyens à la peau brune parmi les morts, j'ai demandé au président du GUNT de dire aux Libyens de les ramasser. Il était avec nous sur le champ de bataille et je fus surpris qu'il me dise de laisser tomber. J'ai donc envoyé l'un de mes éléments pour prévenir les Libyens. Ma surprise fut encore plus grande lorsque je vis que les Libyens qui étaient présents n'ont pas ramassé leurs morts et ne les ont pas enterrés. Au lieu de cela, l'un d'eux mettait son pied sur le cou d'un cadavre et enlevait l'immatriculation qu'il portait. Puis ils laissaient les cadavres se décomposer et, bien entendu, les Tchadiens ne se souciaient pas de les ramasser ou de les enterrer lorsqu'ils constatèrent ce que faisaient les Libyens avec les cadavres.

Deuxième incident : j'étais dans une tranchée avec des combattants lorsque j'ai vu un groupe mobile de soldats libyens se diriger dans la mauvaise direction. J'ai prévenu ceux qui étaient avec moi qu'il fallait faire signe à ces soldats qu'ils allaient tomber dans une embuscade des troupes de Habré. L'un des combattants qui était aussi dans la tranchée me répondit : *« laisse-les se faire tuer…qui est-ce qui les a amenés ici ? »*

Ces deux incidents sont une preuve du désordre qui régnait, du manque de solidarité entre les troupes qui combattaient côte à côte, et peut-être, des zones d'ombres qu'il y avait dans nos relations avec les Libyens. Tout compte fait, peut-être que ces forces n'étaient-elles pas libyennes comme on le pensait.

La plupart des armées ont mis tous leurs moyens à la disposition de Goukouni pour combattre Hissein Habré, mais Goukouni en profita pour distribuer les postes clés de l'administration et de l'armée et pour placer les régions stratégiques sous le contrôle de sa fraction.

Il distribua au sein de son mouvement les aides matérielles et militaires qui lui avait été données par des pays amis, et les mit au service de certains individus qui lui étaient proches, sous prétexte que ces aides étrangères étaient envoyées au nom des FAP et non pas au nom du gouvernement. Goukouni s'est comporté comme le chef d'un groupe et non pas comme le chef d'une révolution ou d'un Etat.

La guerre révéla les véritables intentions de Goukouni qui faisait plier les décisions du Conseil des ministres au profit de sa faction. Il n'exécutait pas ce qui était en contradiction avec ses intérêts ou ce qui ne lui était pas vraiment utile.

On en arriva à un point où certains de ses éléments espionnaient les faits et gestes des ministres. En effet, il y avait des agents secrets au sein des délégations qui partaient à l'étranger. Il sema ainsi le doute, la discorde et le manque de confiance entre les ministres et leur directeur de cabinet, il recevait les directeurs pour leur demander ce que faisait leur ministre.

Goukouni paralysa ainsi toute l'administration gouvernementale. Il rapprocha de lui quelques commerçants qu'il recevait plutôt que ses ministres. Alors qu'un ministre devait attendre plusieurs heures pour le rencontrer, un commerçant est immédiatement reçu. Tous ces facteurs réunis ont fait que les décrets de Goukouni n'étaient pas pris en considération tant au sein de l'armée que par le citoyen lambda. L'État perdit son autorité sur le plan de la politique extérieure.

Les pays développés considéraient que le gouvernement de Goukouni n'avait pas de poids sur les plans régional et international. Ne traitaient avec ce gouvernement, que les pays qui avaient une relation avec la Libye. Goukouni n'avait aucune politique précise à part celle de privilégier sa faction. L'exemple le plus édifiant en ce sens c'était, lorsque Goukouni envoya une délégation en Égypte en 1979 pour demander de l'aide et un soutien politique. A la tête de la délégation se trouvait Mahamat Ali Younous, alias Jackson. Les Égyptiens répondirent à la demande de la délégation par un refus, car cette délégation représentait une fraction et non un gouvernement légitime.

Nous avons mentionné certaines erreurs politiques commises sous le régime de Goukouni lesquelles étaient principalement dues à l'ingérence libyenne au Tchad et à l'intérêt que portait la France à ce pays. Malgré tout, Goukouni possédait des qualités rares chez les leaders tchadiens. Il était connu pour être simple et modeste, au point de préparer le thé pour ses soldats, si on le lui demandait. C'était un homme droit, qui ne recourait pas à l'assassinat ou à la violence. Il n'emprisonnait pas et ne tuait pas ses adversaires non plus.

Je me rappelle que le 6 octobre 1980, lorsque la guerre était à son paroxysme entre les combattants du FAP et ceux de Hissein Habré, il encouragea ainsi ses éléments : *« celui qui aujourd'hui ne se fait pas tuer en homme ne sera pas considéré comme un homme. »* Comme nous l'avons dit, le président Goukouni voulait remonter le moral de ses soldats, mais, en réalité, il ne méprisait aucun Tchadien. Certaines erreurs qui furent commises sous sa présidence étaient de la faute de certains cadres de son mouvement.

Mais comme il était un homme politique et leur chef, il en est coupable parce qu'il ne punissait pas ceux de ses hommes qui commettaient des fautes. Goukouni était aussi connu pour être démocrate. Par exemple, le 6 octobre 1980, à 11 heures, à l'aéroport de N'Djaména, il ordonna à deux de ses soldats de regagner le combat, mais ils refusèrent de lui obéir.

Il y eut une longue discussion, et à la fin, il céda sans les punir. Aussi Wahid Abderaman Zezerti, un officier du FAP, fut emprisonné pour meurtre. Le jour même, il écrivit une lettre au président pour demander à être relâché. Il remit la lettre à l'un de ses geôliers lui disant de remettre la lettre au président Goukouni et de revenir avec une réponse. *« Et si le président ne répond pas à ma lettre, insulte-le de ma part »*. Le geôlier remit la lettre à Goukouni. Celui-ci la lut et ne répondit pas. Le messager dit alors à Goukouni : *« Wahid m'a demandé de t'insulter de sa part au cas où tu ne répondrais pas à cette lettre »*. Goukouni rit, sans pour autant punir Wahid ou son messager, car ce dernier avait plus peur de Wahid que de lui. La guerre entre les tendances dura neuf mois à N'Djaména et aucune d'entre elles n'eut le dessus. Un jour, le président Goukouni alla s'enquérir de la situation de ses soldats et leur dit : *« connaissez-vous la raison de notre échec ? C'est tout simplement parce que vous traînez dans les rues et couchez avec les femmes et à cause de cela, la victoire ne nous sourit pas »*. L'un des soldats répliqua d'une manière impolie, mais Goukouni rit, sans le réprimander.

Goukouni demanda aux Libyens de le soutenir dans sa lutte contre Habré, à l'insu des armées qui composaient le gouvernement, hormis Acyl Ahmat.

Or, le GUNT ne pouvait conclure d'accord avec un pays quelconque sans l'accord préalable de toutes les parties qui le composaient. Goukouni profita cependant de sa fonction de président du gouvernement pour conclure des accords militaires de défense conjointe avec la Libye le 15 juin 1980. Cet accord s'était fait entre les FAP représenté par Ibrahim Youssouf et le CDR représenté par Rakhis Manani d'une part, et la Libye d'autre part, sans l'accord des autres armées. Ils étaient donc illégaux du point de vue de l'accord de Lagos et ne représentaient pas la volonté du peuple.

Les armées furent surprises d'apprendre qu'il y avait eu un accord et elles demandèrent des explications à Goukouni. Il répondait que cet accord ne concernait que son mouvement et celui d'Acyl Ahmat. Les armées qui n'étaient pas concernées par ces accords se réunirent pour adopter une position commune, mais en vain.

L'absence d'unité me poussa à démissionner du gouvernement de transition en signe de protestation. J'ai présenté ma démission à Goukouni qui l'accepta. Mais avant d'en faire l'annonce, il retira ma démission sous l'insistance de Mahamat Abba Seïd, leader de la Première armée et ministre de l'Intérieur, et Abdallah Adoum Dana, représentant du Volcan et ministre des Travaux publics pour que ma démission ne profite pas à Hissein Habré.

Suite à l'accord, les forces libyennes sont arrivées au Tchad malgré l'opposition de beaucoup de Tchadiens. Presque toutes les villes du Tchad étaient sous leur contrôle, hormis celles du Sud. La troisième phase de la guerre commença le 5 octobre 1980.

J'avais auparavant mis en garde mes partenaires contre une contre-attaque des forces de Hissein et les pertes qui pourraient s'ensuivre si on n'organisait pas les troupes. Mes mises en garde n'ont pas été prises en considération.

Le 7ème jour d'octobre, une attaque éclaire conduite par Hissein a causé une débandade au sein de notre armée. Cela lui permit d'arriver à Farcha où se trouvait notre siège des opérations. Les forces de Habré encerclèrent la capitale. Peut-être avaient-elles pu capturer le président Goukouni ?

La guerre des nerfs dura de cinq heures du matin jusqu'à onze heures, avant que nous ne puissions repousser l'attaque. Après cette bataille, les cadavres des deux camps jonchaient la route qui allait de Farcha à N'Djaména.

Goukouni était dans tous ses états. Lui, le président du pays qui se caractérisait par sa sagesse, se transforma en soldat qui tirait sur tout ce qui bougeait, sans distinction, car il avait perdu la capitale et son oncle, Mahamat Kechidemi, qui s'était chargé de son éducation (un homme très posé).

Je cite ici, deux incidents qui ont eu une répercussion sur Goukouni et qui m'ont beaucoup embarrassé.

Premièrement, après le déclenchement de la bataille, alors que j'étais assis à côté de Goukouni, un groupe de combattants passa à côté de nous. Goukouni leur ordonna de revenir, mais ils refusèrent d'obéir. Je leur ai demandé s'ils connaissaient la personne qui leur avait donné l'ordre de revenir. Ils répondirent qu'ils connaissaient le président Goukouni, mais qu'ils avaient combattu durant six heures d'affilées sans recevoir de provisions ou même une goutte d'eau. *« Après tout, n'a-t-on pas le droit de chercher à boire de l'eau ? »* dirent-ils. Après avoir discuté avec eux des risques qu'ils prenaient, ils ont suivi mon conseil et sont repartis. Je me suis alors dit *« quelle bataille va-t-on gagner avec un tel désordre et une telle indiscipline ? Quelle est la valeur d'une victoire avec une telle situation ? »*

Le deuxième incident se passa alors que nous étions assis à l'ombre d'une maison jouxtant celle de Goukouni, où il avait installé un appareil radar sans lequel il était impossible à l'aéroport de recevoir les avions. Un incendie provoqué par les échanges de tirs commença dans une maison voisine et les flammes se propagèrent vers la maison, à l'ombre de laquelle nous étions assis et qui abritait cet appareil sensible. J'ai demandé au président Goukouni de demander à l'un des policiers qui assurait l'approvisionnement en eau lorsqu'il y a coupure, d'amener rapidement de l'eau pour éteindre l'incendie avant qu'il ne soit hors de contrôle. Mais Goukouni refusa. Il était dans tous ses états. Après avoir pris le contrôle de la capitale, les techniciens de l'aéroport nous ont informés qu'ils ne pouvaient pas faire fonctionner l'aéroport et recevoir les avions, à moins d'avoir un appareil pour remplacer celui qui avait brûlé. On a dû envoyer en Libye Ramat Alghali, ministre des Transports, pour acheter un appareil qui coûtait au bas mot 40 millions de FCFA. Si le président n'avait pas refusé d'éteindre l'incendie, nous aurions pu sauver la maison et l'appareil. Je n'ai jamais compris pourquoi il avait refusé de faire un effort pour éteindre les flammes, si ce n'était son état psychologique causé par la perte de la capitale et du pouvoir avant de défaire les forces de Habré.

Habré refusa toutes les médiations pour obtenir un cessez-le-feu parce qu'il comptait sur l'intervention directe des Français en sa faveur. Le 13 décembre 1980, une délégation nigériane arriva à N'Djaména pour demander à Hissein de mettre fin à la guerre. Il refusa et campa sur sa position jusqu'au 15 décembre 1980, date à laquelle ses troupes furent défaites. Il fut chassé de la capitale le lendemain et alla se réfugier au Cameroun.

Goukouni cautionna le pillage systématique pendant trois jours, de la ville de N'Djaména après la fuite de Hissein Habré. Ce qui occasionna d'importants dégâts matériels et humains. Le désordre s'installa sans commune mesure. La police militaire eut du mal à rétablir l'ordre, ce qui provoqua le départ en exil de plusieurs personnes qui craignaient pour leur vie. Habré fut renforcé politiquement par cet acte de pillage et j'ai moi aussi, par la même occasion, été victime de ce pillage qui entraîna la perte de deux de nos véhicules, des Peugeot 504. Goukouni me dit que toutes les choses prises pendant ces trois jours ne seraient pas rendues.

Habré annonça alors, devant une délégation nigériane dirigée par Baba Gana Kinkibé, sa volonté de respecter l'accord de Lagos et de se réconcilier avec les autres tendances[14]. Il fut alors soutenu par l'Égypte et le Soudan. Ainsi, Hissein contribua à compliquer le problème tchadien. Il utilisait l'occupation du territoire tchadien par les Libyens pour recevoir le soutien des pays arabes. Mais le peuple

[14] La réconciliation eut lieu à Kousseri au Cameroun.

n'était pas dupe, car, il ne s'attelait pas sincèrement à contrecarrer l'occupation libyenne. Habré déclencha la colère du peuple qui s'est rendu compte que tant que Habré resterait aux rênes du pouvoir, l'occupation libyenne continuerait. Conscients de cela, les Libyens gelèrent les activités du GUNT.

Après les événements du 13 décembre 1980, Adoum Togoï fut amputé d'une jambe. Il fut considéré par les Libyens comme un handicapé de guerre au même titre que ceux qui faisaient partie de l'armée libyenne et ils le prirent en charge. Évacué en Allemagne pour recevoir des soins et il en reviendra avec une jambe artificielle. Les autorités libyennes lui ont apporté un soutien qui dépassait ses attentes. Dès lors, il devint l'homme de confiance de Kadhafi pour servir les intérêts Libyens.

Après le retrait d'Hissein Habré le 15 décembre 1980, le pays fut entièrement contrôlé par les Libyens, excepté les régions du Sud. La Libye mit sur pied des camps et des aéroports secrets, interdits aux Tchadiens et a placé des systèmes de communication sophistiqués. Les avions militaires Libyens décollaient et atterrissaient comme bon leur semblaient, dans n'importe quelle ville ou endroit. Les aéroports, parmi lesquels l'aéroport international de N'Djaména, furent transformés en bases militaires. C'était la seule fenêtre ouverte sur le monde extérieur et il était interdit aux tchadiens de s'en approcher. Ramat Al Ghali, ministre des Transports fut refoulé deux fois de l'aéroport et la troisième fois il ne put rentrer que parce que je l'ai accompagné ; j'avais des amis « bien placés ».

La ville d'Abéché s'est transformée en une grande base militaire pour surveiller la frontière tchado-soudanaise et faciliter à la Libye son règlement de compte avec le régime de Nimery, là où elle avait échoué en 1976. Les Libyens ont aussi entreprit d'ériger des aéroports militaires sur les frontières avec les pays voisins et ce toujours à l'insu du gouvernement tchadien. Cette opération fut connue sous le nom *« d'opération des mercenaires venus de Libye »*.

Les Libyens ont profité de la défaite de Habré, de la désorganisation du gouvernement de Goukouni et des contradictions entre ses composantes pour créer deux forces opposées qui ne tirèrent pas la leçon des événements de Faya et des massacres commis par les deux camps. Les Libyens attirèrent les cadres politiques et créèrent des situations pour avoir un contrôle politique, militaire et culturel. Des éléments des comités révolutionnaires ont ouvert leurs bureaux et partagé le gâteau comme le voulait la Libye. Le mouvement d'Acyl est devenu une sorte « d'agent de la Gestapo ». Les Libyens avec le CDR liquidaient les personnes qu'ils soupçonnaient de s'opposer à leur présence, surtout parmi les intellectuels et autres cadres, les religieux et les sultans... Parmi les personnalités connues qui furent liquidées nous citons, Cheik Adam Barka, (sur ordre d'Assilel Moukhtar, l'un des leaders du CDR à l'Est du pays), Mahamat Abderaman Doutoum, Ibrahim Youssouf, Mahmoud Abderaman Haggar[15] et d'autres personnalités tchadiennes. Le professeur Al Rifaï fut enlevé et le peuple devint une proie pour les Libyens.

La même chose arriva aux ressources animales domestiques et sauvages. Ils mangeaient la plupart du temps, de la viande de gazelle bien qu'il existait des lois interdisant la chasse des animaux sauvages, sauf en cas de nécessité.

Les Libyens ont divisé le pays en zones militaires numérotés : Faya (no1), Kanem (no2), N'Djaména (no 3), Abéché (no 4). Lorsqu'un soldat libyen voyageait de Sabha vers l'une de ces zones, il disait qu'il se rendait au Sud de la Libye. Il disait cela devant des Tchadiens sans se gêner. Ils

15 Ex-ministre du CSM de Malloum. Son corps et celui d'Ibrahim Youssouf furent, selon la population, jetés au sommet d'une montagne par un hélicoptère.

érigèrent des aéroports militaires dans certaines villes et les régions à la frontière avec les pays voisins sans l'autorisation des autorités tchadiennes. Leur contrôle était tel que les avions civils étrangers n'étaient pas autorisés à atterrir.

Nous avons posé une nouvelle fois à Goukouni, la question concernant le contenu de l'accord, sa durée et le nombre de soldats libyens qu'il prévoyait. Il n'eut d'autre réponse que de se mettre en colère et d'éviter la question. Parfois, il disait qu'il était le responsable direct de l'accord. Il était clair qu'il ne pouvait pas répondre à nos questions parce qu'il ignorait le contenu de l'accord, sa durée et le nombre de soldats libyens.

Il craignait les Libyens, car il était sous leur domination et il nous demandait de ne pas nous attarder sur le sujet.

Il était parti de la fausse idée selon laquelle la division de l'armée nationale lui garantirait son fauteuil contre ceux qui lui disputaient le pouvoir et qui risquaient d'atteindre leur but. C'est pourquoi Goukouni ne dirigea pas l'armée et ne s'en préoccupa guère. Il ne cherchait pas à s'occuper des morts, alors que nous étions en état de guerre. Il ne s'est pas occupé des blessés, des familles des martyrs et des mutilés de guerre comme il se doit, alors qu'il distribuait de l'argent aux griots et aux cantatrices venus chanter ses louanges.

Il fit pire encore. Lorsque le martyr Ibrahim Youssouf et le Lieutenant Mahmoud Abderahman Haggar furent assassinés par les Libyens – ils faisaient partie des cadres les plus actifs de sa fraction – nous lui avons demandé d'ouvrir une enquête sur cet incident, mais sa réponse fut que les victimes faisaient partie de sa fraction et qu'aucun autre mouvement n'avait le droit de s'ingérer dans ce problème. Il camoufla cette affaire lorsque la question lui fut posée au sein de son mouvement et il devint clair qu'il évitait le sujet par crainte de susciter la colère libyenne.

Les dysfonctionnements de la gestion des affaires publiques par Goukouni étaient nombreux. Il prenait les décisions désordonnées. Il a par exemple nommé par décret présidentiel un préfet dans la préfecture du Logone Occidental, c'est-à-dire à Moundou, alors que son vice-président Kamougué avait déjà nommé un autre préfet pour la même préfecture ainsi que le directeur de la banque, au nom du même Comité Permanent. Les divergences entre les deux hommes se répercutèrent sur le bon fonctionnement de l'État et de l'administration.

L'accord de fusion entre le Tchad et la Libye

Les Libyens finirent par obliger Goukouni à signer l'accord de fusion des deux pays, puisque le pays en entier était entre leurs mains, sans que le peuple ne puisse s'y opposer.

Le 1er janvier 1981, Goukouni nous dit avoir reçu une invitation à se rendre en Libye. Il ignorait la raison de cette invitation, mais il disait qu'il le saurait une fois en Libye. Il nous demanda alors d'être solidaires pour la défense du pays, car il pensait qu'il ne reviendrait pas vivant de ce voyage. Il s'attendait à être liquidé, comme ce fut le cas pour Mohammed el Baghalani, d'Ibrahim Youssouf, de son collègue Mahmoud et de beaucoup d'autres Tchadiens en Libye et au Tchad, pour être remplacé par Acyl Ahmat.

Acheikh Ibn Oumar était présent ainsi que Moussa Sougui, adjoint du chef d'Etat major des FAP, Moussa Petit, commandant de la Troisième armée et moi-même, nous lui dîmes alors : *« puisque tu n'es pas sûr de revenir vivant, ne pars pas en Libye »*. Goukouni nous répondit avec fermeté qu'il tenait à faire ce voyage, quel que soit le danger, puisqu'il avait reçu l'invitation. Mais s'il devait être tué, il nous demanda de ne pas laisser le pays aux mains des Libyens.

Goukouni quitta la capitale le 3 janvier 1981 accompagné d'environ 60 personnes. Ils avaient tous très peur. J'ai assuré l'intérim de la présidence, le vice-président Kamougué se trouvant au Sud.

Un jour après le départ de Goukouni, dans la ville de Mao, sur les ordres de Grene Saleh, représentant civil libyen à Mao, des soldats libyens ont essayé de descendre le drapeau tchadien et de lever leur drapeau. Des combattants tchadiens réagirent alors avec vigueur, amenant les Libyens à se rétracter. Je fus averti par l'armée, mais, avant que je ne prenne une décision, Kamougué rentra et reprit ses fonctions de vice-président. Il dit aux combattants tchadiens présents à Mao que si les Libyens ne descendaient pas leur drapeau dans les deux heures, ils devaient de résoudre cette affaire avec les armes. Les Libyens cédèrent.

Le 6 janvier 1981, des manifestants libyens et tchadiens descendirent dans les rues de la capitale. Ils fermèrent des commerces et scandèrent l'unité du peuple tchadien et libyen. Ils chantaient des slogans libyens.

Nous avons informé Kamougué et, lorsque nous avons mené l'enquête, nous avons découvert que ces manifestations étaient organisées par le gouvernement libyen et leurs comités révolutionnaires locaux. Ces derniers savaient qu'il existait un accord entre Goukouni et Kadhafi pour la fusion des deux pays.

Quant à nous, nous fûmes surpris d'apprendre cette nouvelle par la radio libyenne avant même le retour de la délégation.

Une fois la délégation rentrée au pays, nous en avons rencontré plusieurs membres, mais ils dirent n'avoir pris part ni aux sessions de travail ni aux négociations. Ils étaient partis et étaient revenus sans savoir pourquoi. C'étaient *« des témoins qui n'avaient pas assisté à la scène. »*Ils ne savaient même pas ce qui se passait et, tout comme nous, ils étaient surpris d'apprendre la nouvelle à travers la radio libyenne. Ils avaient été dans un état de peur perpétuelle, de leur départ de l'aéroport de N'Djaména jusqu'à leur retour. Ils ignoraient ce qui s'était passé au juste.

Ils étaient partis en tant que délégation pour participer à certains travaux importants, comme on leur avait dit, mais ils ignoraient ce qui se tramait. Leur peur s'accrut le jour où on leur avait dit qu'ils retourneraient au Tchad. Leurs bagages furent transportés à l'aéroport puis eux ensuite. Ils furent surpris que leurs valises soient retournées à l'hôtel et quelques instants plus tard on leur demanda de retourner à l'aéroport sans autre précision. Ils passèrent une nuit blanche parce qu'ils ne savaient pas ce qui adviendrait d'eux.

Il fut clair que Goukouni avait signé l'accord sous la pression et la menace. Au premier Conseil des ministres, j'ai dit que nous avons plusieurs questions à Goukouni au sujet de cet accord, puisque le président doit en principe faire un rapport de sa visite. Il ne fit cependant aucun rapport et n'apporta aucun éclaircissement. Il répondait par la négative à nos questions concernant l'accord. Il alla même jusqu'à dire qu'il ne s'agissait pas de fusion, mais d'accords d'entraide sans pour autant présenter un document pour confirmer ses propos. Jusqu'à ce jour nous n'avons pas vu une copie de cet accord.

Son manque de transparence créa une tension au sein du Conseil des ministres à cause de cette visite et des soi-disant accords conclus pour l'intérêt du peuple tchadien et l'inviolabilité de son territoire.

Kamougué en profita pour retourner au Sud et activer une nouvelle fois sa propagande anti-nordiste et faciliter son plan de séparation.

Il y eut aussi un conflit entre Acyl Ahmat et Goukouni. Acyl était l'homme de la Libye[16] et celui qui avait poussé Goukouni à signer l'accord militaire avec les Libyens et le premier à être responsable de cette ingérence étrangère. Il

---

[16] Il avait la confiance des Libyens et il pensait être à l'origine de l'accord.

était très embarrassé pour le fait que Goukouni se rapproche de plus en plus des Libyens et qu'on dise que « l'élève dépasse son maître ».

Le 29 avril 1981, j'ai fait une conférence de presse à Khartoum au Soudan au cours de laquelle j'ai annoncé ma démission de mon poste de ministre de la Santé et des Affaires sociales. Cette démission était due au fait que je m'opposais à la présence militaire de la Libye au Tchad.

Ensuite, j'ai été très bien accueilli par les autorités soudanaises qui m'ont demandé de collaborer avec Hissein Habré, alors exilé à Khartoum, contre le gouvernement de Goukouni. Bien entendu, j'ai catégoriquement refusé cette collaboration, d'une part parce que j'étais un membre fondateur de ce même gouvernement, puisque signataire des accords de Lagos de 1979, et d'une autre part, parce que je n'avais rien contre Goukouni Weddeye. J'étais seulement contre la présence libyenne au Tchad.

Cette prise de position a été mal perçue par les Soudanais qui ont commencé à exercer de fortes pressions à mon encontre. Ces pressions se présentaient sous plusieurs formes : espionnage constant, écoutes téléphoniques ou encore le blocage de mes comptes bancaires. Ceci m'a mis dans une situation désastreuse au point que j'étais incapable d'acheter ne serait-ce qu'un journal.

A titre d'exemple, un agent des services des renseignements soudanais du nom de Mahamat Seïd était tellement zélé dans sa mission qu'on aurait cru qu'il était un membre du mouvement de Hissein. Il est venu en personne me demander de quitter l'hôtel où j'étais logé. J'ai refusé et lui ai expliqué que les Soudanais percevaient un financement des États-Unis et des pays du Golfe pour soutenir les Tchadiens qui s'opposaient à Goukouni. De plus, le 2 avril 1981, le président soudanais Nimery avait déclaré que quiconque s'opposait à la présence libyenne au Tchad bénéficierait de son soutien.

En réalité, le Soudan voulait simplement soutenir Habré contre Goukouni, alors même qu'Izzedine Hamit, ministre soudanais, était signataire des accords de paix de Lagos. L'attitude des Soudanais était contradictoire : elle divisait et semait la zizanie.

La Libye avait anéanti le moral des cadres nationaux et surtout des membres du Frolinat dans les domaines, aussi bien politique que militaire tout comme elle avait propagé l'esprit de division et de régionalisme. Acyl ne pouvait défendre sa philosophie et sa personne. La Libye était devenue un monstre auquel il ne pouvait plus faire face. Et comme on le dit : le pire des rois est celui qui est craint par l'innocent.

Le départ des Libyens

Pendant ce temps, au Tchad, le conflit a atteint une certaine ampleur. Les Libyens se soucièrent de leur plan stratégique : ils cherchèrent un remplaçant à Goukouni, ayant une certaine popularité et ils durent se rabattre sur Acyl.

Ils planifièrent contre ce dernier, un coup d'État le 29 novembre 1981 à partir de Paris. La manœuvre échoua, car des officiers tchadiens[17] au sein de l'armée libyenne éventèrent l'affaire et informèrent Goukouni. Suite à l'échec de cette tentative, Goukouni continua à avoir très peur des Libyens.

Goukouni leur demanda de quitter le Tchad après avoir senti la menace peser sur son fauteuil. Finalement, en 24 heures, il prit une décision unilatérale demandant le départ des Libyens le 30 novembre 1981, sans se soucier de leur réaction ou engager des procédures pour contrôler la situation après leur départ. Le président Goukouni ne

[17] Dont Sougui Lony.

mesura pas l'ampleur de sa décision : *« c'est moi qui ai fait venir les Libyens et c'est moi qui les chasse maintenant »*, disait-il.

Les Libyens apprirent la décision par la Radio Tchad, tout comme les Tchadiens avaient appris l'accord de fusion par la radio libyenne. Les Libyens affirmèrent qu'il était saoul au moment de cette annonce, alors que Goukouni n'a jamais pris d'alcool, et Acyl fit quant à lui une déclaration pour s'opposer au retrait des troupes libyennes, alors qu'il était ministre des Affaires étrangères.

Il aurait été souhaitable que le retrait se fasse graduellement, sur une période d'au moins deux mois pour ne pas perturber la sécurité nationale, mais les Libyens firent exprès de se retirer en moins de trois semaines.

Ils quittèrent d'abord l'Est, laissant derrière eux plus de vivres et de munitions dans la ville d'Abéché que n'en disposait le gouvernement de N'Djaména. Ils savaient que les troupes de Habré étaient proches de ces régions et pourraient tirer profit de ces stocks pour les venger de Goukouni qui avait porté atteinte à leur honneur et les avait humiliés. Les Libyens voulaient peut-être aussi l'obliger à leur demander à nouveau de l'aide lorsqu'il se rendrait compte du danger.

Habré profita de la situation et avança, pratiquement sans résistance, en particulier dans les régions dominées par les forces du CDR.

Kamougué, qui avait positionné ses troupes au Sud, refusa de prendre part à la guerre. Il considérait que c'était une guerre de nordistes et qu'elle se terminerait sur leurs tombes. Il serait ainsi le gagnant dans le partage du gâteau.

Cette situation permit à Hissein de gagner du terrain et de chasser le GUNT de la capitale, le 7 juin 1982 avec le matériel, les armes, les vivres et l'argent des Libyens. Cette version est confirmée par un haut responsable libyen en la personne de Massoud Abdelhafiz.

Goukouni se comportait toujours comme un chef de tendance et non comme un chef d'État parce, qu'il ne faisait pas confiance aux autres.

La bataille de Moundou (1982)

Avant que Kamougué ne regagne le Sud, après son départ du gouvernement, Goukouni fit dégénérer la situation dans le Sud par le biais du capitaine Damtita Ganoubang et de quelques ministres. Il provoqua un déchirement dans la faction de Kamougué afin d'en prendre le contrôle.

Quand la situation dégénéra au sein du Comité Permanent, Kamougué me demanda d'aller à Moundou pour l'aider à résoudre ce conflit. Il disait qu'il n'avait aucune confiance envers les autres. Il m'envoya le pilote Nadjita Beassoumal.

Arrivé à Moundou, j'ai immédiatement rencontré les parties en conflit, mais j'ai compris qu'il était trop tard. Les officiers étaient fermes. Ils posaient des conditions. « Pourquoi Kamougué abandonne-t-il la capitale N'Djaména et s'installe-t-il à Moundou alors qu'il est le Vice-président du GUNT et que ce n'est pas sa ville natale. Il faut qu'il cesse d'utiliser l'argent des sociétés publiques comme si c'était son propre argent » disaient-ils.

Il ne restait comme partisan de Kamougué qu'un seul officier fidèle, le capitaine Rhessa. A celui-là on pouvait ajouter les cadres civils à l'exception toutefois des deux ministres (Raymond Naimbaye et Ngangbet Kosnaye).

Lorsque j'ai informé Kamougué des conclusions de mes rencontres, il affirma que Goukouni était derrière tout cela et qu'il avait des preuves de ces accusations, des cassettes et des lettres qu'il me montrerait lors de notre prochaine rencontre, le jour suivant. Il m'informa qu'il enverrait une voiture me prendre à 7 heures du matin le 3 juin 1982 de la Cotontchad où j'étais hébergé.

La voiture n'arriva finalement qu'à midi. Entre temps le représentant du consul de France à Moundou évacua les ressortissants français vers le Cameroun. Il me demanda ce que j'attendais ici et quand je lui ai répondu que j'attendais la voiture de Kamougué, il me dit que la situation n'était pas bonne.

Kamougué était pratiquement encerclé par ses ennemis et toutes les sorties de Moundou bloquées.

Natimbaye arriva donc avec la voiture à midi. Comme je lui demandais quelles étaient les nouvelles, il me dit que Goukouni avait remanié le gouvernement et avait nommé Michel Djidingar Premier ministre. On racontait à N'Djaména que Kamougué m'avait attiré au Sud pour me faire liquider.

Je lui posais d'autres questions quand on ouvrit soudainement le feu sur la résidence de Kamougué, au bord du Chari.

Il n'avait avec lui que 150 miliciens dirigés par Rhessa et équipés avec des armes légères et moyennes. Il y avait deux villas. Rhessa me demanda d'y aller et de me mettre à l'abri.

Au rez-de-chaussée de la villa, j'ai trouvé bon nombre de cadres civils, des hommes et des femmes, qui criaient à cause de l'intensité des combats. Il y avait aussi les deux maires de Moundou, celui qui avait été nommé par Goukouni et celui imposé par Kamougué. Je leur ai dit d'emprunter la route derrière les arbres et de se mettre à l'abri. C'est ce qu'ils firent et rien de mal ne leur arriva. Les cadres lâchèrent donc Kamougué.

Nous n'étions plus qu'un petit nombre au rez-de-chaussée de la villa. A quinze heures, un obus tomba sur le toit, mais il atterrit heureusement sur des matériaux en coton et ne blessa personne. Nous étions contraints de retourner dans la villa de Kamougué. Là-bas je lui ai dit qu'il y avait près de 45 blessés. Il me pria de redescendre pour que je ne sois pas touché.

Ce qui est surprenant c'est que, tout en s'attendant à une attaque de l'autre camp, Kamougué n'avait fait aucune provision en eau, nourriture ou médicaments de premiers soins. Tout fut épuisé dès le déclenchement de la bataille. Nous étions sans eau, sans nourritures, ni médicaments et les blessés demeurèrent sans soins.

Kamougué était courageux. Il ne paniquait pas. Il gardait son calme et son sang-froid. Le soir, les éléments du camp adverse posèrent une mitrailleuse sur la terrasse d'en face et envoyèrent une rafale qui toucha une bonbonne de gaz qui était heureusement vide. L'odeur était toutefois tellement forte qu'elle rendait l'air irrespirable.

Je suis remonté une fois encore pour l'informer que je voulais prier. Il me dit : « tu pries dans une situation pareille ? » Parmi les blessés se trouvait une femme de l'armée de l'air, Juliette Sy Djibrile. Elle me fit de la place entre les blessés pour que je puisse prier. J'ai pu faire toutes mes prières en les raccourcissant. Cette femme était courageuse. Malgré la puissance des tirs et l'intensité des combats, elle sortait en se cachant, pour nous rapporter de l'eau du fleuve. Quand elle entendait les cris des blessés elle partait vers eux et leur disait, « n'étiez-vous pas des hommes et des soldats un jour ? », alors les pleurs se transformaient en une douce chanson.

A 23 heures, Kamougué me dit que les combats allaient s'intensifier le jour suivant. « Je te conseille de quitter la ville par le fleuve pour atteindre l'autre rive. Je te donnerai une protection pour que tu traverses le fleuve avec la petite pirogue ».

La villa n'était qu'à 60 mètres du fleuve, mais était envahie d'herbes aquatiques. La personne chargée de ramener la pirogue de l'autre rive nous informa que toutes les pirogues avaient été confisquées par l'autre camp qui pensait que Kamougué les utiliseraient pour fuir.

Nous étions huit. Nous n'avions plus d'autre choix que de traverser à la nage. Celui qui m'accompagnait s'appelait Abakar Alifeï. Il ne savait pas nager. Il déclara qu'il préférait mourir sous une balle que de mourir noyé. Je lui ai fait remarquer : « Je suis d'une région désertique et je sais nager alors que toi qui est du Lac Tchad tu en es incapable. Comme c'est surprenant ». Le fleuve était infesté de microbes et de moustiques. Par prévention, chacun de nous avala six pilules de nivaquine. J'étais entre le marteau et l'enclume. Finalement nous ne fûmes que trois candidats pour la traversée. Les autres, dont Abakar Alifeï mon accompagnateur, ont renoncé.

Au bord du fleuve, j'ai creusé une tranchée avec mes mains dans l'argile mouillée afin que personne ne soit atteint par les balles. Nous sommes restés là, de 23h00 à 7h 30, la partie inférieure de notre corps dans l'eau et l'autre dans la boue. Les balles tirées de l'autre rive tombaient près de nous. Nous ne ressentions ni les piqûres des moustiques ni les rafales du froid.

Le 4 juin 1982, au matin, des pêcheurs profitant d'une accalmie du combat rentraient chez eux. Nous les avons stoppés pour qu'ils nous fassent traverser le fleuve, mais ils refusèrent de se rendre sur l'autre rive. Nous avons alors usé de la force. Nous avons fait couler deux pirogues et le troisième pêcheur fut obligé de nous emmener vers la Cotontchad. Là, nous avons mis pied à terre et nous avons marché dans une zone déserte. La pluie tombait depuis deux jours de suite et nous n'avions rien mangé.

Nous n'avons retrouvé que nos affaires. Le pilote Nadjita sortit de sa cachette dès qu'il se rendit compte de notre présence.

Le 5 juin, nous sommes sortis pour trouver quelque chose à nous mettre sous la dent. Nadjita craignait les deux parties en conflit et il refusa de sortir de sa chambre. Une dame mariée à un Européen qui avait pris la fuite à cause de la guerre, était revenue voir sa maison. Lorsque nous l'avons vue, nous nous sommes approchés et elle nous offrit à boire. Le même jour, le consul de France arriva lui aussi pour inspecter les maisons des ressortissants français et son bureau. Lorsqu'il nous aperçut, il nous informa que les troupes de Habré étaient arrivées à Moussoro et que la capitale était dans un désordre total. Je demandais au consul de prévenir Goukouni afin qu'il nous envoie un avion pour nous ramener à N'Djaména.

Natimbaye sut que nous étions à la Cotontchad puisqu'il était à l'aéroport. Il dit qu'il nous enverrait le capitaine Bachir Abderahman Haggar avant la tombée de la nuit, mais celui-ci préféra arriver de nuit avec un petit avion de la Cotontchad. Il refusa que Nadjita vienne avec nous alors que ce dernier nous avait accompagné depuis N'Djaména. Nadjita me remit alors une lettre dans laquelle il y avait de l'argent pour sa famille et il me fit un plan pour trouver son domicile. Il ne savait pas s'il s'en sortirait vivant.

Pendant que j'étais avec Kamougué, je fus impressionné par son courage et sa position politique par rapport à la fusion avec la Libye. Cependant, j'étais désolé du peu de considération qu'il avait envers les cadres politiques, leurs familles et ceux qui l'avaient soutenu. Ceux-ci manquaient cruellement de nourriture et cotisaient 500 ou 1000 FCFA par personne pour pouvoir acheter un morceau de viande ou une boisson alcoolisée. La situation de leurs familles n'était pas à envier puisqu'ils ne touchaient pas leur salaire à N'Djaména. Kamougué les avait pris comme otages à cause de sa position vis-à-vis du gouvernement, mais il ne leur fournissait aucune aide. Quant aux cadres civils, avant l'arrivée des troupes de Habré près de Moussoro, ils discutaient de l'actualité internationale entre autres : de la guerre Irak-Iran, de la guerre entre la Grande-Bretagne et l'Argentine et de choses secondaires sans importance. Ils considéraient que l'avancée de Habré vers N'Ndjamena était une affaire qui ne concernait que le Nord. Même Michel Djidingar, pourtant Premier ministre du GUNT disait : « ne laissez pas les Nordistes se rendre au Sud pour le détruire ». Déclaration plutôt surprenante de la part d'une personnalité comme lui.

La chute du GUNT

Le GUNT fut un échec pour plusieurs raisons parmi lesquelles :

1. certains pays voisins voyaient d'un mauvais œil un gouvernement dirigé par un révolutionnaire du Nord du Tchad. Ils pensaient que ceci représentait une menace potentielle pour eux.
2. cette révolution n'étant pas initiée par la France qui pensa que ses intérêts étaient menacés.
3. Il y avait de profondes divergences entre le gouvernement de Goukouni et celui de la Jamahiriya, en particulier en ce qui concernait sa vision expansionniste au Tchad
4. Le Soudan soutenait le parti de Hissein Habré dans le but de faire échouer le gouvernement de Goukouni.
5. Il y avait des divergences entre les 11 tendances du GUNT, divergences d'intérêt personnel.

Tout ceci a conduit à l'échec du président Goukouni à la tête du GUNT. C'était plutôt un homme sage dans son comportement et c'était l'un des leaders tchadiens les plus en vue.

Goukouni confia le ministère de la Défense à Adoum Togoï qui disposa ainsi des moyens militaires de l'Etat après avoir été le seul à pouvoir disposer des moyens des FAP. Il était beaucoup plus aisé de rencontrer le président de la République lui-même que de rencontrer le ministre de la Défense. Pour ce dernier, il fallait faire une demande d'audience deux jours à l'avance. Goukouni avait confiance en Adoum qui ne le lui rendait pas en retour.

La Libye et la France ont mené une campagne médiatique contre le gouvernement et ont fait la propagande de l'avancée des troupes de Habré en provenance du Soudan et annoncé la débâcle des forces gouvernementales. La Libye a aussi poussé le CDR à rompre les relations avec le reste des forces gouvernementales qui étaient solidaires. Elle a convaincu ces combattants qu'il ne servait à rien de combattre Habré parce que celui-ci était l'alter ego de Goukouni sur le plan régional et ethnique et que ceci affaiblirait les forces du CDR. En échange, la Libye les dédommagerait pour qu'ils laissent aux Goranes une chance de se renforcer. Cette déclaration poussa les éléments Goranes à adopter la même position. Quant aux ex-FAT, ils se sont contentés d'être des spectateurs parce que la lutte pour le pouvoir se déroulait entre les nordistes et qu'ils ne voyaient pas d'intérêt à y prendre part.

Le 6 juin 1982, les forces de Hissein Habré arrivèrent à Massaguet, au Nord de N'Djaména et plus de la moitié de la population de la capitale s'était réfugiée à Kousseri. Les éléments des FAP s'étaient retirés vers le Nord. Kamougué était occupé par la bataille de Moundou et c'est avec réticence que le CDR engageait quelques-uns de ses éléments en sa faveur.

Le GUNT a été défait par les troupes de Habré aussi bien sur le plan médiatique, politique, moral que militaire à Katro Foulata et Bir Goz.

L'attaque menée à Bir Goz a pour origine un ancien conflit entre deux familles. Cette localité ne possédait pas de base militaire, elle était juste habitée par des éleveurs. Idriss Deby étant le chef d'état-major de Habré, s'est étonné du fait que Habré l'ait envoyé combattre des éleveurs alors que la zone n'avait même pas d'intérêt stratégique. Les troupes du GUNT, elles aussi prirent part à ces deux combats.

Même les femmes ont pris part à ces événements. Les forces du GUNT s'enfuirent dans la débandade et subirent une cuisante défaite.

Le matin du 6 juin, le Conseil des ministres s'est tenu sous la présidence du Premier ministre Michel Djidingar, nommé peu de temps avant. Ce fut son premier et dernier Conseil des ministres. Je revenais de mon voyage au Sud. Lorsque je suis entré dans la salle du Conseil, Mahamat Abba était en train de parler : il demandait à Goukouni de démissionner parce qu'il était incapable de maîtriser la situation. Il voulait se voir confier la responsabilité, car lui pouvait, disait-il, stopper Habré, même si les forces de Habré parvenaient, grâce aux Libyens à l'aéroport de N'Djaména.

Au bout d'un quart d'heure, je me suis retiré du Conseil parce qu'ils étaient incapables de cerner la situation ou de prendre une décision dans ces moments très confus. Après avoir quitté le Conseil des ministres, je me suis rendu au siège du Secrétariat Général du Frolinat Unifié. Lorsque le Secrétaire Général, Issa Abdallah, qui était de la Première armée me vit, il m'accueillit en disant : « Dieu merci. J'espère que tu vas suggérer à ton président Goukouni de démissionner et de nous confier les rênes du pouvoir. Nous avons les moyens d'arrêter Habré et de défaire ses troupes ». Il disait cela sans même consulter sa base. Il ne possédait pas les moyens auxquels il faisait allusion, mais il entendait défaire Habré avec le soutien des Libyens. Mahamat Abba et Issa Abdallah appartenaient au même mouvement et ils voulaient tous deux que Goukouni démissionne pour prendre sa place.

Je voulais ensuite aller chez Goukouni. En cours de route, j'ai rencontré Wahid Abderaman Zezerti, l'un des éléments de la faction de Goukouni et de ses plus farouches combattants. Il m'arrêta et me dit qu'il me cherchait depuis deux jours. Il n'était pas au courant de mon voyage au Sud.

Il me demanda de trouver Acyl et de former un gouvernement afin de faire face à la situation pendant que lui se chargerait de tuer Goukouni.

Je me suis opposé à cette idée parce que supprimer Goukouni n'arrangerait en rien la situation. Il m'a fallu plus d'une demi-heure de discussion pour le convaincre. Je me suis alors rendu chez Goukouni qui était incapable de décider s'il devait rester et affronter la situation ou quitter N'Djaména qui était pratiquement vidée de ses habitants. Après des entretiens entre Goukouni et certains responsables jusqu'à tard dans la nuit, je décidais de quitter N'Djaména après avoir organisé le départ de ce qui restait des troupes. Certains s'étaient ralliés aux forces de Habré.

Le soir du 6 juin 1982 jusqu'à 2 heures du matin, une réunion a rassemblé Goukouni, Acheikh Ibn Oumar, Mahamat Nour Adoum Barka, Moussa Sougui, Moussa Bachar et moi-même. Nous avons dit à Goukouni que toutes les unités avaient quitté N'Djaména et qu'il était préférable qu'il se retire. Cela le mit en colère et il nous dit : « demandez au Premier ministre s'il partirait avec nous ». Mahamat Nour Adam Barka se rendit chez ce dernier et lui posa la question : il refusa en disant : « vous aviez semé le désordre dans le Nord, n'allez pas au Sud pour semer la pagaille aussi ». Il mit en garde le gouvernement de se rendre au Sud pour le détruire comme il l'avait fait pour le Nord. Pourtant, le Premier ministre n'avait pas exprimé de haine envers les nordistes lors des massacres de 1979. Lorsqu'un sudiste tua un nordiste, il avait dit : « on a tué mon frère ». Nous étions donc très surpris par son nouveau langage.

Lorsque les citoyens et les responsables commencèrent à quitter la capitale en passant par le pont de Chagoua, les troupes de Kamougué bloquèrent le pont. Une fois sur place, je me suis entretenu avec Kamougué qui accepta de laisser passer toutes les troupes excepté les FAP de Goukouni. J'ai décidé que les cadres politiques partiraient, en compagnie d'Ali Karar et Mal-Hassane, vers Kousseri au Cameroun. Les soldats dirigés par Abakar Mahamat Idriss Brigade devaient rejoindre la Première armée à Dourbali et au Salamat. Acyl demeura indécis jusqu'au matin du 7 juin 1982. Il partit avec nous à Gassi, à la périphérie de N'Djaména puis il traversa le fleuve Chari et se rendit au Nigeria afin d'y chercher de l'aide.

Je suis resté seul jusqu'à 7 heures du matin puis j'ai accompagné Mahamat Louani, Maï Moussa Abdelkerim et Kalaye Younous, fonctionnaire du ministère de la Santé, pour la traversée du pont. J'ai ensuite rebroussé chemin et je suis parti chez Goukouni. Il me dit de l'attendre puis il prit ses affaires et monta dans sa voiture.

Nous nous sommes rendus à l'hôtel où nous avons trouvé Babikir Ismaël Koweiti puis nous nous sommes dirigés vers la Rue des 30 mètres. Nous sommes alors tombés près de l'école sur les forces de Habré. Si notre voiture n'avait pas été un véhicule civil ils nous auraient tirés dessus. Nous sommes ensuite allés vers le marché de la Grande Mosquée : les troupes de Habré campaient à cet endroit. Je suis arrivé à la Radio Tchad et j'ai trouvé Mahamat Taher Saleh qui cherchait son fils disparu. Nous l'avons informé que les forces de Habré étaient entrées dans la ville et avant même d'avoir achevé la conversation on ouvrit le feu sur le convoi de Goukouni devant l'hôpital central et la mairie. Il fut contraint de se replier et de se diriger vers Farcha, mais les forces africaines l'empêchèrent de passer. Il se dirigea alors vers Milezi et arriva près de la ville de Missekiné. Il mit le feu à sa voiture et à ses affaires puis traversa en pirogue vers Kousseri au Cameroun.

Il avait perdu ses meilleurs gardes du corps parmi lesquels son frère Souleiman Weddeye et Abdelmadjid Younous ainsi que les meilleurs jeunes des FAP tel que Oumar Nour Gadami et bien d'autres.

De nombreux cadres politiques et militaires et toutes les armées se sont dirigés vers le Sud. Les FAP et le CDR se comportaient comme s'ils étaient encore à N'Djaména et en avaient le contrôle.

Nous avons poursuivi notre route vers Bongor et nous avons rencontré Abou Hamada, vers Linia. À Linia, j'ai été surpris des moyens dont disposait le CDR. Ce mouvement était en mesure de faire face à un pays africain, mais il ne bougeait pas le petit doigt. J'ai rencontré la plupart des leaders du CDR, des FAP de la Première armée et de la Troisième armée.

Il y eut une rencontre entre les armées et chacune d'elle se comportait comme si elle contrôlait encore N'Djaména.

La plupart des cadres militaires et civils du CDR étaient présents.

Du côté des FAP il y avait Goukouni Guet, Mahamat Dagache, Abou Haoua Dalo. Dagache et Dalo voulaient que l'on se rende au BET. Ils avaient quatre voitures pour nous faire partir. J'ai refusé à cause de l'isolement de la région, de mes mauvaises relations avec les Libyens et de la présence de Hissein Habré.

Du côté de la Troisième armée, il y avait Abakar Brigade, Moussa Petit, Mahamat Babikir Al Koweïti et plusieurs officiers de la Troisième armée dont Adoum Hamid et son frère Mahamat Taher Hamid. Quant à Issa Moussa Tomoulé, il était bloqué à N'Djaména.

Certains de mes collaborateurs avaient traversé le fleuve, tels que Ali Ousman Saleh, Mallam Hassan, surnommé Ankri, et un collaborateur de Goukouni du nom de Mbodou Brahim.

Quelque temps après le début de la rencontre, Acyl s'est retiré subtilement pour se rendre au Cameroun. Il se rendit ensuite au Nigéria puis en Libye. Ce fut la dernière fois que je le vis.

Il y eut des tiraillements dans la ville libyenne de Syrte entre les tribus arabes tchadiennes, membres du Conseil Démocratique Révolutionnaire. A la fin de la guerre, Acyl se rendit compte que la situation était dangereuse et il tenta de se rapprocher de l'occident pour sortir des griffes de la Libye. Malheureusement, il mourut d'une façon dramatique dans des circonstances encore non élucidées. Avant que son avion ne quitte pour Laï, il avait rencontré une délégation soudanaise avec à sa tête Oumar Yacine et le colonel Al Ja'li, qui devaient tenter de faire la médiation entre lui et Habré au Gabon pendant le ramadan.

J'ai envoyé mes collaborateurs rejoindre la Première armée au Salamat et je me suis rendu à Bongor avec mon adjoint Babikir Al Koweïti. En ce temps, le séjour des cadres à Bongor était dangereux parce que les habitants de cette ville étaient contre le Frolinat. Il y eut quelques désagréments tels que l'interdiction du port d'armes. Nous avons été dépossédés de nos armes personnelles.

La situation financière des cadres était catastrophique. Ils demandèrent à Goukouni de leur fournir des moyens pour se rendre au Nigeria et de couvrir le déplacement des cadres vers des pays africains tels que le Congo Brazzaville et le Bénin qui nous soutenaient afin de leur expliquer la situation.

Après une longue discussion avec son vice-président Mahamat Issa Idriss, il fut convenu de débloquer une somme de 5 millions de FCFA. Les affaires du Frolinat furent confiées à Mahamat Issa qui forma la délégation. Elle comprenait Mahamat Saleh Alhabo, Asseid Gamar Sileck du côté des FAP, Mahamat Ali Hassaballah et moi-même du côté des FAO, mais je me suis excusé pour cette mission. Mahamat Ali Hassaballah et Gamar Assileck ont poursuivi la mission, puis Mahamat Ali Hassaballah, enfin de compte, se rallia à Habré.

Nous avons ensuite traversé le fleuve pour nous rendre à Guélendeng et nous avons aussi fait traverser les véhicules grâce à l'aide du bac. Nous sommes allés voir le responsable de la région qui était un sudiste. Il a dit qu'il laisserait passer tout le monde excepté Adoum Togoï qui l'avait emprisonné à Faya au Nord et qui l'avait humilié. Le groupe était dirigé par le capitaine Routouang Yoma Golom. C'était en fait un résidu de l'armée régulière qui s'était effondrée. Ils se préparaient à rallier Habré et discutaient de la procédure pour livrer ce précieux cadeau qu'était Adoum Togoï à Habré. L'attitude de certains combattants du CDR me plut : ils avaient pris parti pour Togoï malgré l'antipathie entre les deux armées. Ils dirent qu'ils ne permettraient pas que Togoï soit humilié devant eux. Leur attitude était encore plus ferme que celle de Togoï lui-même. Les membres du GUNT et surtout les éléments du CDR étaient solidaires, malgré leurs divergences et leur amertume envers Adoum Togoï. Ils insistèrent pour qu'Adoum Togoï passe avec eux et cela fut finalement permis.

Nous sommes arrivés à Bongor le 9 juin. On se demandait tous où était Goukouni et ce qui était advenu de lui, car personne n'avait eu de ses nouvelles. Le soir, les cadres s'étaient rassemblés et m'ont demandé, avec Mahamat Saleh Alhabo, de partir au Cameroun, afin d'en savoir plus sur Goukouni.

Nous avons appris par la RFI qu'il était vivant et se trouvait à Maroua. Nous sommes allés et nous l'avons rencontré le matin du 10 juin. Beaucoup de cadres tchadiens qui avaient fui les affrontements étaient avec lui. Il convoqua une réunion à 16 heures, avec quelques cadres, pour décider d'un plan de travail. Entre-temps Adoum Togoï arriva lui aussi à Maroua, parce qu'il n'était pas en sécurité au Sud du Tchad.

Pendant la réunion, nous avons suggéré d'aller à Moundou, où se trouvait Kamougué, afin de faire face à

Habré. Goukouni refusa cette option en disant qu'il avait échoué aussi bien dans la révolution que dans le gouvernement et qu'il cessait là toute activité politique. Mais Adoum Togoï lui répliqua que si nous l'avions suivi jusqu'ici, c'est parce que nous le considérions comme notre leader. Il ajouta cependant que ces propos démontraient à quel point il était irresponsable. Ainsi se termina le soir, la première réunion. Nous étions tous irrités par l'attitude de Goukouni.

Au moment de nous séparer j'ai suggéré à Goukouni une nouvelle idée qui était compatible à son refus de se rendre à Moundou. Elle se présentait en deux phases : tout d'abord, débloquer de l'argent pour que les autres leaders puissent trouver un endroit où s'installer puis, former une délégation chargée de contacter les pays amis et leur expliquer la situation et demander leur soutien.

Goukouni accepta l'idée. Il débloqua de l'argent et forma une délégation composée des factions du Frolinat et me demanda d'être à sa tête, mais j'ai refusé. La délégation fut alors dirigée par Al Seïd Gamar Sileck et Mahamat Saleh Alhabo des FAP et Mahamat Ali Hassaballah, de la Troisième armée.

Le jour suivant, j'ai suggéré à Goukouni, en concertation avec les autres cadres, d'endosser la responsabilité à sa place et de me rendre à Moundou en compagnie de certains cadres pour rencontrer Kamougué et mettre sur pied un plan pour faire face aux forces de Habré. Goukouni accepta. La plupart des cadres des factions étaient d'accord avec l'idée, mais ne voulaient pas se rendre au Sud, à cause de leurs mauvaises relations avec Kamougué.

Chacun partit de son côté. Nous avons laissé Goukouni et nous avons décidé de partir au Nigeria. Après des désagréments dans la ville de Maiduguri, une réunion se tint avec la plupart des cadres. Le Nigéria ne faisait pas confiance à Habré, mais il était aussi embarrassé par les déclarations de Goukouni lors du sommet de l'OUA au Kenya en 1981.

Ceci entraîna le retour de plusieurs cadres en Libye. Ils n'avaient pas d'autres endroits pour se réfugier.

Kamougué avait des contacts avec Habré, mais finalement il a fui. Il alla au Gabon à bord d'un avion de la Cotontchad. Il voulait se rendre avec son avion, mais dès son décollage, il s'est heurté à un arbre et l'avion s'est écrasé. Kamougué en est sorti miraculeusement vivant. Il devait prendre part à une rencontre tripartite avec Acyl et Habré. Mais ce dernier lança une offensive contre les troupes de Kamougué et celle d'Acyl qui eut pour résultat la mort tragique, encore non élucidée de ce dernier. La rencontre échoua pour le plus grand bonheur de Habré, d'après ce que rapporta Soungui Ahmat, ambassadeur du Tchad en Algérie.

Le compatriote Abdelkader Yacine, qui avait de bonnes relations avec l'Algérie, avait réussi à convaincre Goukouni de se réfugier en Algérie. Les autorités algériennes furent saisies et envoyèrent un avion militaire.

Goukouni se rendit à Yaoundé puis en Algérie avec 53 cadres. Le gouvernement algérien les accueillit fraternellement, dissipant l'amertume des jours précédents. Ils furent placés dans une zone touristique puis dans la capitale. Goukouni fut logé dans le palais de l'ancien président Ahmed Ben Bella et les cadres dans des hôtels de la capitale. Les autorités algériennes offrirent ainsi une aide considérable à la révolution et aidèrent énormément le GUNT. Si Goukouni avait décidé de se retirer de la vie politique quand il était à Maroua, en Algérie il changea d'avis.

Avant notre départ de N'Djaména, le président Soudanais Nimery avait envoyé à Goukouni, Oumar Mahamat Yassin, l'invitant à se rendre à Khartoum, pour une rencontre vouée d'avance à l'échec, puisque Nimery soutenait Hissein Habré.

Goukouni s'attendait à ce que les Libyens le contactent. Le gouvernement algérien avait demandé à Goukouni, par le biais de l'ambassadeur Soungui Ahmat, de fournir la liste des cadres l'accompagnant afin de leur offrir un droit d'asile politique et de les loger dans différents endroits avec leurs familles. Goukouni refusa sans consulter les concernés, disant que les cadres n'avaient pas l'intention de demeurer en Algérie. Le but des algériens n'était que de leur permettre de se sentir en sécurité, mais Goukouni voyait bien que si ses cadres s'installaient définitivement en Algérie, ils refuseraient de se rendre en Libye pour reprendre la lutte.

Les Libyens essayèrent sans succès de renouer avec Habré pour l'empêcher de réagir par rapport à l'occupation libyenne du Nord du Tchad. Suite à leur échec, ils furent obligés, pour protéger les frontières Sud de la Libye, d'avaler l'amère pilule de l'humiliation subie avec Goukouni. Ils essayèrent de renouer avec lui. En visite en Algérie, Gadhafi sollicita une rencontre avec Goukouni. Il a voulu le convaincre de revenir en Libye. Alors même qu'avant notre échec à N'Djaména, il avait refusé de recevoir Goukouni en disant qu'il était absent. Le colonel Kadhafi a dit à Chadhli qu'il avait joué son rôle de « hérisson » en protégeant les frontières Sud de son pays et qu'il était préoccupé par l'arrivée au pouvoir de Habré. Il demanda à Goukouni de tourner la page et d'en ouvrir une autre. Il demanda à Goukouni de réorganiser ses troupes. Kadhafi était prêt à mettre à sa disposition les moyens nécessaires.

Il y eut des rencontres entre Goukouni et les autorités libyennes et entre lui et les Tchadiens présents en Libye. Le rassemblement d'une nouvelle armée avec un camp au Nord du Tchad sur la frontière tchado-libyenne fut planifié. Quelques éléments du GUNT se trouvaient alors à Gouro et dans d'autres localités. Goukouni entreprit de recontacter les factions qui faisaient partie du GUNT et fit un appel en ce sens à l'Algérie le 15 septembre 1982. Il a chargé Abdelkader Yassine de coordonner cette rencontre.

Suite à « l'appel d'Alger » lancé par Goukouni, toutes les parties concernées sont arrivées en Algérie et ont exprimé leur volonté de former un nouveau gouvernement de transition.

Après la chute de N'Djaména aux mains de Habré, Issa Abdallah a pris la fuite en passant par le Cameroun. Il arriva en Libye et ne chercha pas à contacter les membres du comité exécutif du Frolinat Unifié ou de s'enquérir de leurs nouvelles. Il ne convoqua aucune réunion ou conférence pour former une nouvelle direction du Frolinat Unifié. Il continua pendant dix ans de vivre dans l'aile que lui avaient réservé les Libyens à l'hôtel "Al Shati". Durant cette période il n'effectua aucune visite au Nord du Tchad, et il passa son temps à faire la navette entre l'hôtel et les bureaux du Comité Révolutionnaire libyen.

Une fois revenus en Libye, les mouvements ne se soucièrent que de leurs affaires et ne cherchèrent pas à se renseigner sur le sort d'Issa Abdallah. Ils avaient tort. Ils ne l'avaient pas congédié de son poste et il continuait à en vivre sans pour autant entreprendre d'action. J'ai un jour demandé à Abdallah Adam Dana qui appartenait à la Première armée, de supprimer la manne dont vivait Issa Abdallah. Dana répondit que ce dernier ne représentait rien et que comme il nous avait laissés tranquilles, nous devions faire de même pour lui. Les Libyens l'utilisèrent pour servir la troisième théorie universelle dont il devint l'un des idéologues. Issa Abdallah utilisa donc ses compétences d'orateur et ses compétences politiques au profit des Libyens et de ses ambitions personnelles. Au Frolinat Unifié, il n'apporta aucune contribution à part la célébration annuelle de la Révolution, commémoration initiée par Ibrahim Abatcha. Cette fête avait sa raison d'être, mais il s'en servait pour affirmer sa présence à son poste. La révolution active et soutenue n'était plus pour lui qu'un simple anniversaire.

Le CDR, dirigé par Acheikh Ibn Oumar[18] depuis le décès d'Acyl Ahmat, refusa de former un gouvernement de transition présidé encore une fois par Goukouni. Le CDR voulait qu'Acheikh Ibn Oumar préside le gouvernement de transition à la place de Goukouni, et c'est la raison principale qu'ils avançaient pour ne pas prendre part au gouvernement. Ils pensaient que le rapprochement entre Acheikh Ibn Oumar et Khaddafi leur permettrait de présider le Gouvernement de Transition, mais les factions choisirent d'aller dans le sens d'un Gouvernement de transition présidé par Goukouni.

Les leaders des armées se sont rendus en Libye pour former un Gouvernement d'Union Nationale, présidé par Goukouni Weddeye, avec pour siège Bardaï. Mais après l'arrivée des délégations dans la capitale libyenne, des difficultés surgirent. Certaines armées voulaient contrôler le gouvernement ou avoir des postes bien précis.

Avant d'entrer dans les détails de l'atmosphère qui a prévalu après la formation du Gouvernement de Transition, je cite un incident qui survint lors de notre séjour dans un hôtel de la capitale algérienne :

Il y avait au sein de la délégation des forces armées tchadiennes dirigées par Kamougué, l'ancien préfet de Moundou, Nabatimbaye. Il était considéré comme étant l'un des principaux agents ayant pris part à la liquidation de musulmans dans le Sud du pays, surtout à Moundou. C'était

---

[18] Ce jeune homme est parti poursuivre ses études en France et est rentré au pays avec des idées socialistes. Il rejoint le Frolinat au Nord vers la fin des années 1970. Il a fait de la concurrence à Goukouni à la tête du gouvernement en s'appuyant sur le fait qu'il était proche du guide de la révolution libyenne et de la concurrence aussi à Al Hadj Abba Seïd, parmi les plus grands leaders du Frolinat qu'il voulait vaincre grâce au soutien libyen. Acyl Ahmat Aghbach lui a cédé une armée nombreuse et mieux équipée que certaines armées de pays africains, mais il ne put changer le cours des événements qu'en fonction de ses ambitions.

un ami intime et on partageait toujours la même chambre. Lorsqu'il me vit faire la prière du soir sur un petit tapis, il me dit : « j'aimerais prier sur la peau d'un Gorane tel que toi tu pries sur ce tapis ». J'ai répondu : les Goranes sont nombreux et le chemin est long. Une telle haine entre les politiciens était de mauvais augure. J'avais interprété le massacre qu'il avait commis contre des nordistes et plus particulièrement les Goranes[19] comme un acte politique, mais le fait qu'il veuille prier sur la peau d'un Gorane m'a démontré à suffisance qu'il était habité par la haine. Abdallah Adoum Dana lui répondit : « cet homme qui est en train de prier est de l'ethnie Gorane et défend leurs intérêts ». Je lui ai donc dit : « La route est longue et tu rencontreras de nombreux Goranes. »

Nabatimbaye est décédé à Faya en 1983. J'ai analysé les pensées de cet homme et j'ai senti en Nabatimbaye une véritable haine envers les musulmans du Nord et surtout les Goranes. Il jetait son amertume contre Habré et Goukouni sur toute l'ethnie alors que celle-ci n'avait rien à voir avec leurs actes.

Le gouvernement libyen instaura la formation militaire obligatoire pour les Tchadiens résidant en Libye, à Benghazi et à Koufra surtout. Il les casernait dans des camps militaires isolés, les formait et les affectait ensuite au Nord du Tchad. L'objectif du gouvernement libyen n'était pas de les former pour aider le Gouvernement. Il prenait prétexte de la présence de Gouvernement de Transition en Libye pour former des militaires tchadiens afin de garder les frontières libyennes et encaisser les coups si celles-ci venaient à être attaquées.

Beaucoup de jeunes ont disparu, notamment dans les grandes villes telles que Benghazi, Tripoli, Sabha et Ajdabiya.

---

19 Dans un quartier appelé Doum gourou ce qui dans leur langue, veut dire « pas de musulman ».

Certains sont morts à cause de l'enrôlement forcé. Pour stopper cette opération, Goukouni décida de se rendre personnellement à Benghazi, accompagné de Mahamat Issa Idriss, d'Abdelkader Yacine, de moi-même et d'autres.

Les autorités libyennes nous ont alors subitement contactés pour demander que le président revienne immédiatement à Tripoli pour prendre part à l'ouverture du sommet africain. Un avion fut envoyé pour ramener la délégation à Tripoli. On fut accueilli par le commandant Abdessalam Jalloud, membre du Conseil de Commandement de la Révolution libyenne. Comme le président Goukouni venait de Bardaï, siège du gouvernement, il fut accueilli en tant que chef d'Etat. Vingt et un coups de canon furent tirés à l'aéroport militaire, mais l'accueil n'était que poudre aux yeux pour garantir la sécurité de la frontière. Le sommet de l'OUA du 22 novembre 1982 à Tripoli fut pour le GUNT un énorme succès, car 38 pays africains annoncèrent leur soutien au gouvernement de Goukouni, le considérant comme légitime. Par contre ils ne soutinrent pas la candidature de Kadhafi pour prendre la tête de l'organisation africaine.

En 1983, Adoum Togoï séjourna à Sebha en tant que citoyen libyen – parce qu'il était considéré comme un handicapé de guerre de l'armée libyenne – chez une tribu libyenne à laquelle j'avais appris qu'il appartenait, afin d'assister à une cérémonie. La question qui se pose logiquement est la suivante. Adoum Togoï est-il vraiment d'une famille libyenne ? Si tel est le cas, comment peut-il prétendre être Tchadien ? Et comment se fait-il qu'il soit nommé ministre de la Défense du Tchad ? Seul Adoum Togoï peut répondre à ces questions. Les rumeurs qui circulent parmi les Tchadiens au sujet de la relation qui le lie aux Libyens sont-elles fondées ?... Adoum Togoï, s'est marié deux fois au Kanem. Il avait établi une liste de 62 personnes condamnées à mort ou devant être assassinées.

J'étais sur cette liste. A la conférence de Bardaï il fit face à des questions et des demandes d'éclaircissements de la part des cadres de son mouvement sur cette liste, mais il ne put donner de réponses. Plusieurs éléments issus du Kanem avaient disparu dans des circonstances non élucidées près de Bardaï. On ignore toujours qui est le commanditaire de ces éliminations physiques.

La rencontre de Syrte

En mars 1983, toutes les factions ont tenu une réunion dans la ville de Sebha. Elles se sont mises d'accord à l'unanimité, y compris Mahamat Abba Seïd et Acheikh Ibn Oumar qui étaient contre la présidence de Goukouni, pour aller rencontrer Kadhafi.

Avec Goukouni il y avait Kamougué et Mahamat Issa qui représentait les FAP, Balam, le président du Parti National Démocratique, Mahamat Abba Seïd, Adoum Togoï et moi-même président des Forces Armées Occidentales. Lorsque nous sommes arrivés à Tripoli, on nous informa que le Guide était à Syrte. Nous avons passé deux nuits très épuisantes. Arrivés à Tripoli à 21h00, nous n'avons pas trouvé de chambre d'hôtel avant 3h00 du matin. Finalement, nous sommes arrivés au Grand Hôtel à 9 heures en compagnie du président Goukouni Weddeye et de Kamougué puis on nous demanda de nous rendre à l'aéroport parce que le Guide nous attendait à Syrte.

En vol, l'avion passa dans une zone de turbulences. L'avion trembla. Nous avons eu peur que cela ne soit une tentative pour mettre fin à la vie de tous les leaders politiques tchadiens.

A l'aéroport, les officiers se sont occupés de Goukouni seulement. Ils nous ont laissé nous faire malmener par les Libyens. Cela irrita tout le monde. Personnellement j'étais content de ce qui était arrivé. Peut-être était-ce l'occasion pour tous de réaliser quelles étaient nos vraies relations avec les Libyens.

A Syrte nous avons rencontré dans la salle d'attente Mahamat Abdelaziz, le président du Polisario qui attendait d'être reçu par Kadhafi. Nous sommes restés dans la même pièce pendant quatre heures. Il se tenait à l'écart, car personne ne lui adressait la parole à part quelques salutations. Je me suis donc rapproché de lui et je lui ai posé des questions sur le mouvement Polisario, la raison de sa création et la politique en général.

Kadhafi avait circonscrit l'agenda de la rencontre. Il voulait donner des instructions à Goukouni, à ses ministres et aux leaders des factions formant le gouvernement pour qu'ils adoptent la « troisième théorie universelle ». Lors de notre rencontre, Kadhafi dit cependant qu'il était prêt à satisfaire toutes nos demandes. Mahamat Abba demanda le soutien du Guide pour chasser le dictateur Hissein Habré, Acheikh Ibn Oumar tournait la tête à droite et à gauche, mais on ne savait pas ce qu'il voulait. La discussion sur les procédures du service militaire obligatoire et les mauvais traitements étaient interdits.

Kadhafi demanda, « comment puis-je vous aider alors que vous n'avez pas d'idéologie claire ». Il dit : « Facho, par exemple, est communiste et ainsi il a une identité politique, quant à vous votre identité politique et votre vision sont inconnues ». Mahamat Abba dit : « je suis prêt à appliquer la troisième théorie universelle ». Kadhafi répondit en disant : « je ne vous comprends pas, Abdelkader est chrétien et Goukouni musulman ». Kamougué dit : « J'ai une sœur qui s'appelle Aïcha et nous avons des noms musulmans dans notre famille ». Ensuite Kadhafi se tourna vers moi en disant : « et toi, Moussa quelle est ta position ? » Je répondis : « que je pensais que nous allions vous dire la vérité, et toutes nos préoccupations, je constate que ce n'est pas le cas… »

Depuis 1969, Kadhafi a toujours ignoré le rôle du Frolinat comme mouvement révolutionnaire tchadien. Comment pouvait-il prétendre que le Frolinat n'avait pas d'idéologie alors qu'il le soutenait ? Il prétendait aussi que le mouvement de Facho Balam, l'UND, avait une idéologie, alors que ce mouvement n'avait aucun passé politique et était né dans la salle où s'était conclu l'accord de Lagos[20]

Quand nous sommes sortis, Mahamat Issa me dit : « Tu penses que si on dit la vérité à Kadhafi, il va nous laisser partir ? ». Acheikh Ibn Oumar voulait une rencontre bilatérale, mais il n'en a pas eu l'occasion. Ce qui l'irrita. Il pensait que si le pouvoir était remis au gouvernement de Goukouni, sa faction risquait de ne plus recevoir l'aide directe de la Libye. Il était aussi imbu de son niveau intellectuel, puisqu'on disait qu'il était la troisième personnalité après Hissein Habré et Goukouni. Acheikh Ibn Oumar refusa de prendre part à un gouvernement dirigé par Goukouni, mais les Libyens ont obligé le CDR à y participer. Leurs troupes ont ainsi pris part, avec les forces du gouvernement, à trois batailles contre les forces de Hissein Habré, à Gouro à la fin de l'année 1982 et à Ounianga le 14 mai 1983.

Toutes les armées tombèrent d'accord pour adopter la troisième théorie universelle afin de continuer à recevoir l'aide libyenne sans laquelle il était impossible de revenir à N'Djaména. Mais, en même temps, les Libyens voulaient former un gouvernement de transition à leur solde, basé sur les accords de Lagos et ainsi faire échouer toute tentative tchadienne de les chasser de la zone qu'ils avaient occupée. L'aide était un prétexte pour justifier la présence libyenne au Nord, en tant que soutien au gouvernement légitime du GUNT qui combattait à partir du Nord du Tchad. C'est pourquoi les Libyens tenaient à former rapidement un

[20] En 1979 seulement.

nouveau Gouvernement de Transition et à l'installer en Libye.

La collaboration avec les Libyens

Nous sommes retournés à Tripoli, à l'hôtel, sans avoir rien mangé depuis deux nuits. Chacun d'entre nous consulta son mouvement sur l'adoption de la troisième théorie universelle. Ahmat Ibrahim[21] tint plusieurs rencontres avec nous à Bab El Aziziya (siège du pouvoir de Gadhafi). Il insistait sur la nécessité d'imposer la vision libyenne c'est-à-dire le livre vert. Il disait lors de ses conférences que le communisme était une dictature, que la vision islamique iranienne était aussi une dictature et que le capitalisme était impérialiste et basé sur un système de classe. Il n'y avait pas d'autre vision selon lui que la troisième théorie universelle qu'il fallait adopter.

Balam et moi avons dit que la Libye avait eu des accords avec certains mouvements tchadiens et que nous voulions en voir le contenu. Ahmat Ibrahim, cousin de Kadhafi et né au Tchad, était chargé du dossier tchadien, il nous répondit : « allez consulter vos cadres. Nous avons signé des accords secrets avec tous les mouvements présents, à part les vôtres et celui de Facho Ballam. Si les autres mouvements n'y voient pas d'inconvénients, je suis prêt à accepter les accords cités ». La session fût ajournée pour le jour suivant, mais en fait, il n'y eut plus d'autre rencontre.

Ma faction organisa une réunion avec ses cadres pour adopter une position qui lui permettrait de quitter le territoire libyen. Nous avons recensé les noms de Libyens nés au Tchad tel qu'Ahmat Ibrahim et nous avons immédiatement pris part aux conférences sur la « troisième théorie universelle » au quartier Ak'waakh. Je me suis rendu

---

2121 Cousin de Khaddafi et théoricien du livre vert.

à ces sessions d'éducation idéologique avec sept personnes. Près de 300 membres de différentes factions y étaient avec, en premier lieu, Issa Abdallah, l'ancien Secrétaire Général du Frolinat, Mme Zahra Baroud et Khadidja Koumbo. Les Libyens ont introduit certaines Libyennes comme agents de renseignements et aussi des hommes tels que Sadick Aldihani et Mahamat Al Assouad (ce dernier a réussi en un temps record à mémoriser les noms de 300 personnes). Après la fin de la session, les Libyens ont su que nous avions des cadres compétents, c'est pourquoi ils ont entrepris de les envoyer tous à Faya pour y mourir au cours des événements du 30 juin 1983 de Faya.

Ahmat Ibrahim, responsable des comités révolutionnaires, convoqua tous ceux qui résidaient à l'hôtel Al Shati', pour prendre part à une réunion dans la salle de conférence de l'hôtel. Les femmes et les enfants y étaient aussi conviés. Il avait aussi demandé à Goukouni Weddeye d'assister à cette réunion importante. Il voulait le dénigrer. Ahmat Ibrahim expliqua que Goukouni avait effectué une visite en France et les Français lui auraient demandé de chasser les troupes libyennes du Tchad. Goukouni avait accepté. Lorsque les forces libyennes se sont retirées du Tchad, Habré en a profité pour chasser Goukouni. Mais avant même que les forces libyennes n'arrivent en Libye, Goukouni était déjà à Tripoli. Goukouni lui répondit alors en ces termes : *« tu es trop petit (jeune) pour comprendre ce qui se passe en politique »*.

Dès lors les Libyens ont interdit à tout Tchadien de quitter le territoire libyen sans autorisation écrite du Bureau des Affaires Tchadiennes. Ce bureau était géré par les services de renseignements Libyens avec quelques Tchadiens. Les autorités libyennes annoncèrent également l'interdiction à tout Tchadien de se déplacer d'une région à une autre sans carte d'autorisation de circuler, délivrée par elles. J'avais la carte n°114 du 4 mars 1983 (voir annexe). Les

Libyens voulaient dévaloriser les passeports diplomatiques qui étaient en notre possession. Ils ne respectèrent pas non plus les accords et principes internationaux qui interdisaient la fouille du corps diplomatique. Ils fouillèrent le vice-président Kamougué quand il voyagea entre Sebha et Tripoli pour rencontrer le président Kadhafi. Et ce, malgré la présence d'un accompagnateur libyen de la présidence. Et si Kamougué n'a pas fait objection à cette fouille c'est qu'il cautionnait ce comportement. Toutes les délégations de ministres et leaders des armées ainsi que les cadres ont été fouillés puisqu'ils se rendaient à Tripoli puis à Syrte.

La reconquête du Tchad

A la fin de la session sur la troisième théorie universelle, le 20 juin 1983, les Libyens commencèrent à transporter à Sebha les participants. Ils étaient ensuite transportés à Bardaï. Tous les cadres reprochaient aux Libyens leur attitude, leur occupation du Nord et leur manque de respect envers les Tchadiens. Lorsqu'ils surent que les forces du GUNT contrôlèrent Faya, le 29 juin, ils s'y rendirent tous pour échapper à l'influence libyenne alors que les Libyens les avaient préparés afin de reprendre la « troisième théorie universelle ».

Après Faya, les forces du GUNT contrôlèrent dans la foulée Abéché. Les Libyens leur coupèrent aussitôt l'approvisionnement en vivres, carburant et munitions. Ce qui permit à Habré de contre-attaquer et de reprendre le contrôle d'Abéché. La majorité des cadres se trouvaient à Faya où ils s'étaient réfugiés et ce n'était pas du goût des Libyens qui voulaient les transporter jusqu'à Bardaï. Ils considéraient ceci comme un crime de lèse-majesté.

Lorsque Habré prit le contrôle d'Abéché, il avança sur Faya qui tomba entre ses mains le 30 juillet. Les avions de reconnaissance avaient annoncé à 10 heures du matin l'absence de rassemblements ou de forces ennemies sur toutes les zones survolées, mais, quelques heures après, Habré attaqua la ville de Faya par le Nord et prit le contrôle de la ville causant une telle destruction que beaucoup de cadres furent tués. Les pertes subies par le GUNT à Faya en termes de cadres tués étaient énormes. Mais, grâce à la participation active des forces libyennes, les troupes du GUNT reprirent une nouvelle fois le contrôle de Faya le 11 août. Les Libyens avaient des avions de reconnaissance qui sillonnaient constamment le ciel.

LA TOURNEE DE MOUSSA MEDELLA

Entre-temps je me suis rendu à Cotonou le 21 juin 1983. Je ne suis plus reparti en Libye alors qu'on m'envoyait constamment des délégations me demandant d'y retourner.

La réunion de Ouagadougou 1984

Les quatre armées avec le soutien du président Sankara ont tenu une réunion à Ouagadougou le 8 août 1984. Elles ont alors décidé de former un nouveau rassemblement, le Rassemblement des Forces Patriotiques (RFP), et de contacter les autres armées afin d'adopter une position commune contre le gouvernement de N'Djaména tout en refusant la domination libyenne.

Ce rassemblement était composé d'Abdelkader Yacine, chargé de la communication, de Facho Balam, chargé des relations extérieures, de Hadjaro Al Senoussi chargé de la coordination avec les autres armées et de moi-même président du rassemblement

A la fin de notre rencontre, le 12 août 1983, le président Sankara nous reçut. Il a soutenu notre démarche et a dit vouloir nous aider par tous les moyens possibles. Mais au cours de cette rencontre, le Dr Facho Balam a donné de fausses informations : il a affirmé que ses éléments avaient arrêté Routouang Yoma Golom, le ministre de la Défense de Habré, entre N'Djaména et Bongor, alors qu'il n'avait même pas un seul élément sur le terrain. Il a aussi affirmé que Goukouni lui avait proposé de le nommer Premier ministre et qu'il avait refusé et pourtant il m'avait demandé auparavant de l'aider à devenir Premier ministre.

Après avoir organisé une conférence de presse à Ouagadougou, nous avons rencontré plusieurs ambassadeurs, dont celui de la Russie. Facho Balam lui a fait comprendre que les Occidentaux le craignaient parce qu'il était communiste. Je suis immédiatement intervenu pour expliquer à l'ambassadeur que « ce communiste » n'avait même pas un élément et qu'il ne représentait rien sur l'échiquier politique tchadien. Si on avait accepté Facho Balam c'est tout simplement parce qu'il était contre Kamougué. Ce dernier s'en était lui-même étonné en disant : *« ce Facho Balam, d'où est-ce qu'il vient ? »* Au début, les propos de Kamougué nous avaient embarrassés, mais l'on s'est rendu compte par la suite qu'il avait raison, car Facho racontait des bobards.

LA TOURNEE DANS LES PAYS AMIS

Grâce à nos relations, nous avons ensuite rencontré l'ambassadeur du Ghana qui nous a accompagnés à Accra où nous avons été reçus par le ministre des Affaires étrangères et par quelques responsables ghanéens le 16 août. Ils nous ont fait part de leur soutien et de leurs encouragements. Ils ont mis à notre disposition des moyens de transport pour aller au Togo où nous avons été reçus par le président Eyadema le 21 août 1984 à Lomé.

Je n'ai pas manqué de lui rappeler qu'en 1980, il avait été le seul président à avoir eu le courage de traverser à deux reprises le fleuve Chari pour se rendre à N'Djaména, une 1ère fois pour rencontrer Hissein et une seconde fois pour rencontrer Goukouni et les appeler à la réconciliation alors que la ville était à feu et à sang. Ceci confirmait son intérêt pour la révolution tchadienne.

Figure 3 : Rencontre de Ouagadougou du 9 octobre 1987

Le président Eyadema soutint notre démarche et nous encouragea à lutter pour l'indépendance. Il nous facilita le transport jusqu'à Cotonou où nous avons rencontré la communauté tchadienne. Nous y sommes restés jusqu'au 4 septembre 1984. Nous avons été reçus par le Secrétaire Général du parti au pouvoir et par le ministre de la Fonction publique, M. Gado. Nous lui avons expliqué la situation, lui avons fait part de l'ingérence libyenne et du fait que nous n'avons rien contre Goukouni.

Nous sommes ensuite repartis à Ouagadougou où nous avons été reçus par le Secrétaire Général du parti au pouvoir, Laurent Sawadogo, à qui nous avons transmis toute notre considération pour les efforts du président Thomas Sankara à notre égard.

De Ouagadougou, nous nous sommes rendus à Niamey au Niger où nous étions arrivés le premier jour de la fête de

Tabaski. Je me rappelle qu'entre Ouagadougou et Niamey nous avons vu une foule de gens prier et nous avons cru que c'était un cas de décès. La même scène s'est répétée plus loin, dans deux autres villages et nous avons demandé pourquoi il y avait tant de monde. Nous fûmes surpris d'apprendre que c'était la fête de la Tabaski. Nous espérions être reçus par le président, mais il y eut un malentendu avec les responsables de l'armée nigérienne qui nous arrêtèrent. Six heures plus tard nous avons été libérés. Le ministre des Affaires étrangères, Idé Oumarou, qui connaissait très bien le dossier tchadien, nous reçut chez lui, deux jours plus tard le 8 septembre. Il s'excusa du malentendu qui amena le responsable à nous arrêter. Il discuta avec nous des dures épreuves que traversaient les Tchadiens et de la précarité de la situation au Tchad.

Après le Niger, nous nous sommes rendus en Algérie le 11 septembre, pour être reçus deux jours plus tard par l'adjoint du ministre des Affaires étrangères. Il nous demanda des éclaircissements sur la situation et il a soutenu notre démarche. Lors de notre deuxième visite en Algérie, nous avons entendu dire qu'un accord franco-libyen avait été conclu sur l'île de Crète le 15 novembre, sur le retrait des troupes libyennes et françaises. Les Libyens ont tout fait pour nous contacter, aussi bien individuellement qu'en groupe, afin de nous convaincre de la nécessité de retourner en Libye. Mais nous avons refusé. Seul, Hadjaro Al Senoussi y retourna le 21 octobre 1983. Ce qui nous a surpris.

La rencontre d'Addis Abeba de janvier 1984

Quelques jours auparavant, nous avions reçu une invitation du président éthiopien Mangistou Hailé Mariam, alors président en exercice de l'OUA, pour rencontrer à Addis Abéba les parties en conflit (le GUNT présidé par Goukouni et le gouvernement de Habré).

Les Libyens ont réussi à faire échouer ce sommet puisque le gouvernement de N'Djaména ne voulait pas de réconciliation. Selon nos informations, Idriss Miskine, ministre des Affaires étrangères de Hissein Habré, voulait que la réconciliation à Addis Abeba aboutisse, mais il est mort quelques jours avant la rencontre dans des circonstances non élucidées. Les rumeurs disaient qu'il avait été empoisonné par Habré parce qu'il était de ceux qui aspiraient à la réconciliation nationale.

Figure 4 : rencontre d'Addis Abeba (8-12 janvier 1984)

Les Libyens avaient affrété un avion spécial pour transporter 150 membres du GUNT, accompagnés d'une délégation libyenne dirigée par Massoud Abdelhafiz dont la mission était de faire échouer la rencontre. La fraction d'Abdelkader Yacine et la mienne étaient en Algérie.

Goukouni nous avait demandé de l'accompagner à Addis à bord d'un avion libyen. Lui, s'était rendu en Algérie à bord d'un avion spécial, accompagné du vice-président du FAO, Ibrahim Malla, de Mahamat Louani de l'armée de Goukouni ainsi que de Moussa Saleh.

Nous étions d'accord pour nous rendre à la rencontre, mais pas à bord d'un avion libyen. Abdelkader Yacine et moi, avons obtenu des titres de transport achetés par l'Assemblée Nationale de l'Iraq pour faire le voyage d'Addis Abéba.

En janvier 1984, la délégation de N'Djaména avec entre autres Mahamat Nouri et le Dr Abba Siddick, arriva à Addis Abéba suivie des délégations des fractions opposées au gouvernement de Goukouni parmi lesquelles le Frolinat originel et la Troisième armée qui lui reprochaient son rapprochement avec la Libye. La rencontre eut lieu du 4 au 8 janvier 1984.

Les armées ont pu contacter plusieurs pays africains à travers leurs ambassades pour expliquer la situation qui prévalait ainsi que les motifs qui les avaient poussées à quitter la Libye. Il y eut aussi des contacts avec quelques pays arabes tels que l'Arabie Saoudite, la Syrie, l'Irak et l'OLP qui ont compris pourquoi les quatre armées voulaient mettre un terme à la domination libyenne.

Ce fut un échec, car les pays qui reconnaissaient la légitimité du GUNT de Goukouni y étaient plus nombreux que ceux qui reconnaissaient le gouvernement de Habré. Les factions venant de Libye étaient représentées chacune par 8 personnes, ce qui faisait en tout 140 personnes. Il y avait des contradictions au sein même de ces fractions.

J'ai essayé durant trois jours de rassembler les cadres autour d'une position commune, mais en vain. Lorsque le président éthiopien accueillit les délégations autour d'un déjeuner, il déclara qu'en sa qualité de président de l'OUA il penchait pour le socialisme progressiste et soutenait les révolutionnaires. Après avoir écouté toutes les armées qui se plaignaient de la présence française, il affirma que « si vous tuez 31 Français ils partiront d'eux-mêmes du Tchad ». Pendant cette période, Hadjaro était en prison au Soudan. Nous avons donné son nom au président Mangistou. Goukouni reçut la délégation de N'Djaména sans consulter ses collaborateurs qui se trouvaient à l'hôtel.

Le 8 janvier la conférence se termina par un échec. Je me suis rendu avec Abdelkader Yacine en Arabie Saoudite. Nous avons fait le compte rendu de la rencontre aux autorités saoudiennes au cours d'une rencontre avec Abbas Ghazaoui, directeur de l'administration des Affaires africaines au ministère des Affaires étrangères et un ancien ambassadeur de l'Arabie saoudite au Tchad. Nous nous sommes ensuite rendus, le 20 janvier 1985, en Irak.

C'était la première fois que j'allais en Irak. Nous avons été reçus par le professeur Badr Al Dine Mouddassir et Mahamat Cheikhoun du bureau du Maghreb Arabe et du Nord de l'Afrique du parti Baath irakien. Nous leur avons expliqué l'évolution de la situation au Tchad. Ils étaient d'accord avec nous quant à l'analyse faite et nous informèrent que le Parti Socialiste Arabe Baath soutenait entièrement les objectifs de la révolution du Frolinat et qu'il était de son devoir de lui offrir tous les moyens matériels et moraux pour atteindre ses objectifs. Lorsque j'ai demandé que l'on nous réserve des bourses d'études, le professeur Badr Al Dine répondit que les bourses étaient disponibles pour tous les Tchadiens et il tint parole. Il m'informa que 41 bourses seront octroyées annuellement et que si elles n'étaient pas suffisantes il était possible de prendre sur les bourses destinées au Soudan afin de nous les donner.

A notre retour, vu la réaction positive de l'Irak envers nous, les autres mouvements ont commencé à se rendre à Bagdad. Facho Balam s'y est rendu en juillet 1985 et ensuite Mahamat Abba Seïd, accompagné d'une importante délégation[22] puis d'autres encore...

---

22 Mahamat Saleh Annadif du CDR, Ali Mahamat Zene,

La récupération par les Libyens

Le 12 octobre 1985 s'est tenu le sommet de l'OUA à Addis Abeba. La question était de savoir qui représenterait le Tchad entre Hissein et Goukouni. Les leaders n'étaient pas d'accord sur ce sujet. Après avoir attiré Hadjaro, les Libyens continuèrent à essayer de nous contacter.

Abba Ibrahim Djoubrame, officier libyen à la Sécurité Extérieure, d'origine Ionbo me contacta le 23 décembre à Cotonou pour me demander quel était le problème avec les Libyens. Je lui ai expliqué que ma position n'était pas personnelle, mais que le problème était la politique libyenne envers le Tchad. Il m'informa qu'il ferait parvenir mes propos aux plus hautes autorités et prit le soin de m'informer qu'il y avait des Tchadiens qui travaillaient avec les Libyens dans la plus grande soumission. Il me demanda de retourner en Libye. J'ai refusé et cela mit fin à notre conversation qui se déroula, je le souligne, en Gorane en particulier et dura plus de 3 heures. Je ne suis plus reparti en Libye.

La réunion de l'opposition à Cotonou en 1985

Les Libyens utilisaient les Tchadiens et surtout les leaders qu'ils avaient attirés en Libye, pour réaliser leurs desseins. Le pire était le sentiment de honte des Tchadiens après les événements de Faya et la perte des cadres. Ceci poussa quatre factions formant le GUNT à mettre un terme à la restriction de leur liberté et à la domination libyenne. Ainsi, les FAO ou Troisième armée, le Frolinat Fondamental, dirigé par Abdelkader Yacine, successeur du Dr Abba Siddick, le Frolinat originel dirigé par Hadjaro Al Senoussi et l'Union Nationale Démocratique dirigée par le Dr Facho Balam, ont quitté la Libye et entrepris d'entrer en contact avec quelques pays amis et frères qui soutenaient la révolution tchadienne, après le sommet d'Addis Abeba pour la réconciliation entre le gouvernement de N'Djaména et le gouvernement d'union nationale de transition.

En 1985, une rencontre regroupa toutes les armées dans la capitale gabonaise. Étant donné que les esprits étaient surchauffés on en voulait à Goukouni et aux Libyens. La réunion n'aboutit pas aux résultats escomptés alors que tous étaient d'accord sur l'importance de l'union. La seule chose sur laquelle ils se mirent d'accord fut la nécessité de se rencontrer à Cotonou à la fin du mois d'août 1985.

Les groupes qui se sont désolidarisés du CDR, dirigé par Mahamat Senoussi Khatir, quelques cadres des FAP et des cadres du gouvernement se trouvant en France ont contacté le président gabonais pour isoler le GUNT avec l'aide des Français. Mais la révélation du plan nous poussa à contacter Goukouni pour sauver la révolution et nous mettre d'accord avec lui afin d'organiser une rencontre à Cotonou, car l'atmosphère à Libreville n'était guère propice. Ceci, dans le but de former un gouvernement que Goukouni présiderait à partir de Bardaï sans que cela ne veuille dire que nous retournions en Libye.

La rencontre en question eut donc lieu à Cotonou le 25 Août 1985. Les armées qui y prirent part furent celle de Goukouni, de Facho Balam, de Kamougué, d'Abdelkader Yacine, de Mahamat Abba Seïd, de Hadjaro Al Senoussi, de moi-même ainsi que de Acheikh Ibn Oumar qui avait entre-temps été emprisonné par Goukouni et s'était fait représenter par Rakhis Manani et Mahamat Djarma Khatir.

Nous avons posé comme condition à Goukouni de relâcher Acheikh Ibn Oumar dès son retour. Un accord fut signé à Cotonou pour former de nouveau un gouvernement de transition ainsi que le Frolinat Unifié pour organiser une rencontre officielle avec les Libyens dans un pays autre que le leur. Afin d'avoir des relations saines sans ingérence dans nos affaires intérieures. Nous avons annoncé que le siège du gouvernement serait nommément Bardaï qui ne doit pas être considéré comme le territoire libyen et la libération de tous les Tchadiens emprisonnés au nord du Tchad par le GUNT. Il est important de rappeler qu'une délégation libyenne avec à sa tête Massoud Abdelhafiz prit part aux rencontres du début à la fin. Elle a dit que certains partis sont des valets des irakiens.

A la fin de notre rencontre de Cotonou, le président Kérékou du Bénin nous a reçus et accueillis avec satisfaction. Il offrit aussi son aide aux militants du peuple tchadien. Il nous informa que cet accord serait le dernier et qu'il fallait s'y accrocher fermement si l'on ne voulait pas que nos efforts soient vains. Il nous souhaita bonne chance.

Parallèlement, ceux qui complotaient pour isoler Goukouni se sont réconciliés avec Habré et sont rentrés à N'Djaména.

Goukouni en Lybie (août 1986)

Durant la nuit du 30 au 31 août 1986, le président du GUNT Goukouni se rendit en Libye pour assister à la célébration de la révolution libyenne. Malheureusement après son retour, « les choses sont redevenues comme avant ».

Goukouni n'a plus respecté l'accord et n'a exécuté qu'une seule des conditions, la libération d'Acheikh Ibn Oumar et des autres prisonniers.

Il annonça la formation d'un nouveau gouvernement, selon ses aspirations, et n'a pas tenu compte des candidatures des autres factions, ni dans la formation du gouvernement ni dans celle du Frolinat Unifié. Il permit à nouveau aux Libyens de s'ingérer dans nos affaires intérieures.

Ceci confirmait ce qu'avait dit Massoud Abdelhafiz lors de notre rencontre : Massoud disait que certains Tchadiens ont eux-mêmes poussé les Libyens à se comporter envers eux de la manière que nous avons dénoncée. Certains d'entre eux ont même offert leurs sœurs à des officiers libyens. Le colonel Massoud Abdelhafiz m'avait clairement dit : « même les Américains ne peuvent pas nous empêcher d'être au Tchad et surtout que vous, Tchadiens vous donnez vos épouses et vos sœurs aux officiers Libyens pour avoir des garanties.» Ces mêmes propos ont été tenus bien avant par un agent de renseignement, Abba Youbrami.

Les Libyens ont commencé à nous mettre la pression : ils ont ainsi obligé les membres du mouvement à publier un communiqué annonçant que les leaders qui refusaient de retourner en Libye seraient rayés.

Dans cette atmosphère, Goukouni suggéra que je devienne ministre dans le gouvernement pour que je sois obligé de l'accompagner en Libye. J'ai refusé et j'ai présenté la candidature de ceux que mon mouvement avait retenue. Goukouni désigna alors d'autres membres de mon mouvement dans le but de créer un désordre, mais il échoua puisque nous avons été solidaires. Nous n'avons pas donné d'importance à ce sujet qui n'avait aucun sens dans la lutte révolutionnaire.

Auparavant, le représentant civil libyen à Faya, Grène Saleh, avait dit qu'il couperait la langue de tout tchadien qui dirait que Faya est en territoire tchadien, ajoutant que la frontière Sud de la Jamahiriya était Douala au Cameroun. Goukouni ne réagissait pas devant de tels propos, comme le firent d'ailleurs d'autres cadres tchadiens. Ils se comportaient comme les Libyens envers les Tchadiens.

Ces attitudes firent que les accords de Cotonou ne furent pas respectés. Le gouvernement avait mis tous ses espoirs sur la Libye et a fait perdre sa crédibilité au Tchad et auprès des pays amis qui le soutenaient.

Les combattants étaient convaincus de l'incapacité du GUNT à prendre une décision pour avancer vers le Sud et libérer N'Djaména puisque la Libye influençait les décisions.

Il ne pouvait s'engager à libérer N'Djaména de l'emprise de Habré avant de libérer le Nord du Tchad occupé par la Libye sinon la devise du Frolinat, la libération et l'indépendance de la volonté n'auraient plus eu de sens.

Adoum Togoï

En 1986, Goukouni donna à Adoum Togoï la direction de son armée, mais celui-ci rallia cette armée à celle de Habré qui avait combattu les Libyens et les chassa du Nord qu'ils occupaient. On disait qu'il mijotait de rentrer pour préparer un coup d'Etat contre Habré. Mais certains de ses proches lui ont déconseillé vivement, car son jeu était dévoilé.

Adoum Togoï poussa tous les cadres du GUNT à regagner N'Djaména, y compris Siddick Fadoul qui était son plus fidèle partisan. Il retourna soutenir Goukouni avec ce qui lui restait de cadres en Algérie et forma, à l'insu de celui-ci, un mouvement qui mit définitivement fin à la carrière de Goukouni.

Togoï, lorsqu'il perdit la confiance de N'Djaména et de l'opposition, mit sur pied une société commerciale à Kano au Nigeria. Celle-ci fit faillite et c'est ce qui le poussa à partir à Cotonou pour récupérer les cadres des FAP qui s'y trouvaient. Mais ceux-là n'étaient pas disposés à le suivre contre Goukouni. Il dut donc rétablir sa relation avec Goukouni et profiter de la légendaire bonté de celui-ci pour arranger sa situation avec les Libyens et ensuite, se retourner contre lui.

Cette période de 1983 à 1986 a été pleine de rebondissements militaires à cause de la situation intérieure entre les différentes composantes de la révolution du Frolinat et de l'influence libyenne au Nord du Tchad. La révolution était sur le point de perdre son identité après avoir perdu son pouvoir de décision. Chaque mouvement a emprunté sa voie alors que les combattants tenaient aux objectifs de la révolution, commencée en 1966 afin de réaliser les aspirations du peuple tchadien qui sont la liberté, la justice et l'égalité.

La réconciliation sous les auspices de l'Irak

En 1986, l'Ambassade d'Irak à N'Djaména fut réouverte et l'ambassadeur tchadien à Bagdad réinstallé. Après les visites de délégations officielles et le soutien de l'Irak au Tchad pour lui permettre de reprendre Aouzou, le gouvernement de N'Djaména s'est engagé – en reconnaissance des relations irakiennes avec toutes les parties tchadiennes et de la sincérité de l'Irak envers tous – à négocier avec le GUNT pour la formation d'un nouveau gouvernement. L'Irak contacta toutes les parties tchadiennes et annonça sa position. Il les convia toutes en Irak pour un dialogue national tchadien. Seul le mouvement de Kamougué refusa l'invitation. A ce moment-là, la tension entre les troupes de Goukouni et celles du CDR était à son paroxysme, avec la pression des Libyens qui s'étaient rangés du côté du CDR. Ceci poussa Goukouni à annoncer qu'il se joignait à l'armée de Hissein Habré. Il confia à Adoum Togoï la mission de ce ralliement, mais le 17 octobre 1986, les Libyens ont fait arrêter Goukouni, après l'avoir humilié et battu. Ils firent arrêter tous les cadres du GUNT pour les placer dans les prisons libyennes.

La volonté de réconciliation nationale eut un écho chez le citoyen tchadien qui, fatigué des luttes, du parti unique, du contrôle du pouvoir par un seul mouvement, commença à espérer en une réconciliation nationale qui unifierait les fils du pays et repousserait le danger de l'ingérence étrangère. L'Irak apporta son soutien pour aller vers une réconciliation nationale. Aux mouvements ayant répondu à son invitation, il rappela l'importance de s'unir autour d'une vision commune et de former une délégation unifiée pour engager le dialogue là où elles voudraient, sans ingérence de personne d'autre que les Tchadiens. Si aucun lieu ne répondait aux exigences, Bagdad était prête à les accueillir.

Malgré l'approbation de tous et l'exigence de certains mouvements pour commencer à poser les jalons du dialogue, la faction du CDR et la Première armée essayèrent de repousser tout dialogue. Ils s'unirent à la rencontre de Cotonou, qui eut lieu deux semaines plus tard, le 29 octobre 1985 sur la formation de la délégation et les détails du dialogue. La raison était que les Libyens savaient que Bagdad jouait le rôle de médiateur entre les Tchadiens et cela ne servait ni leurs objectifs ni leurs plans. Massoud Abdelhafiz attendait à Cotonou avec une délégation. Ils promirent séparément à Acheikh Ibn Oumar et à Alhadj Mahamat Abba Seïd qu'ils pousseraient tous les mouvements à former un gouvernement pour remplacer celui de Goukouni et qu'ils en seraient les présidents.

Les délégations quittèrent Bagdad pour se rendre à Cotonou et les Libyens poussèrent Acheikh Ibn Oumar à être le président du gouvernement, laissant du même coup tomber Alhadj Abba Seïd. Ce gouvernement qui ne jouait pas son rôle était sous l'influence libyenne. Cela poussa Acheikh Ibn Oumar à demander à Bagdad de continuer son effort en l'aidant à faire sortir ses troupes de Libye, après son échec avec les Libyens, pour que la réconciliation soit effective. C'est ce qui arriva. Une délégation dirigée par Acheikh Ibn Oumar représentant le gouvernement de transition et une délégation dirigée par Ibrahim Itno, ministre de l'Intérieur de Habré, se sont rencontrés à Bagdad en août 1988. Ils y ont alors annoncé la réconciliation nationale. Certaines armées telles que la Première armée et la Deuxième armée n'y avait pas pris part, mais elles se rencontrèrent plus tard pour la réconciliation nationale générale.

La politique de division de la Libye

En voulant appliquer la politique de *« diviser pour mieux régner »*, les Libyens ont conclu un accord secret avec certains leaders des armées qui occupaient des fonctions de ministres dans le gouvernement de Goukouni afin de l'isoler et de former un nouveau gouvernement. Ils ont ainsi conclu un accord avec Acheikh Ibn Oumar, le ministre coordinateur, Hadjaro Al Senoussi, ministre de la Défense, Mahamat Abba Seïd, Abdelkader Kamougué le vice-président et Facho Balam, ministre des Affaires étrangères. Les Libyens voulaient attaquer les FAP et les FAO en mettant en mouvement les troupes du CDR. Ce qui leur permettrait de contrôler la situation. Tout commença par une attaque massive par les forces libyennes et celles du CDR. Nous ne savons pas si les Libyens ont reçu l'invitation de Djiddi lui-même ou par un autre canal alors que c'était une lettre confidentielle. Ils en firent un problème au point de penser à ramener Acheikh Ibn Oumar à la tête du gouvernement[23].

Le ralliement des FAP et FAO à Habré et l'agression libyenne

C'est dans une telle atmosphère que des affrontements ont lieu au Nord pour le libérer des mains des Libyens. La plus grande partie des troupes de Goukouni ont volé au secours des troupes de N'Djaména lorsqu'elles affrontèrent les forces d'occupation libyenne. Ce climat incita les mouvements politiques à la réconciliation nationale, et à refuser l'arrestation de Goukouni par les Libyens ou la participation forcée des troupes du CDR pour combattre aux côtés des Libyens contre les troupes de N'Djaména.

---

[23] Après la signature de l'accord de Cotonou, AbdelKader Yacine et moi avons dit de ne plus confier de postes clé à Hadjaro ou à Acheikh, car ces hommes risquaient de nous trahir.

Le rapport des forces était déséquilibré et Goukouni déclara, le 17 octobre 1986 que ses troupes se rallaient à l'armée de Habré. Il y eut un accrochage à Fada puis dans d'autres régions. Goukouni se rallia à Habré, car les leaders de ses forces armées, Adoum Togoï, Yaya Dagache, Adoum Yacoub, Chef d'Etat major des forces de Goukouni et Adoum Abakar, adjoint du Chef d'Etat major, tué par les Libyens, après avoir été fait prisonnier, l'ont contacté pour l'informer de la situation désastreuse sur le terrain. La réaction libyenne à la déclaration de Goukouni fut dure parce que cette déclaration leur coupait l'herbe sous les pieds et faisait échouer leur plan. La situation devenait dangereuse pour la Libye.

Tout son plan ayant échoué, la Libye demanda alors, à Goukouni de rencontrer rapidement Kadhafi. Une fois que Goukouni quitta sa résidence, les Libyens arrêtèrent tous les cadres du gouvernement qui s'y trouvaient. L'on notait entre temps la disparition des Tchadiens en Libye. Les avions libyens entreprirent alors de bombarder tout ce qui bougeait au Nord du Tchad.

En chemin, Goukouni se rendit compte que l'itinéraire qu'ils empruntaient pour se rendre chez Kadhafi n'était pas la route ordinaire. Il se mit à les menacer verbalement. Ils changèrent alors de direction pour se rendre au palais de Kadhafi. Ils isolèrent les interprètes dans une pièce qu'ils fermèrent à clé. Ils firent entrer Goukouni dans la salle – celle dans laquelle il avait rencontré Kadhafi à plusieurs reprises auparavant – avec deux de ses gardes du corps. Peu de temps après, une personne vint lui demander de se rendre dans une autre salle pour être reçu par Kadhafi. Goukouni commença à avoir des doutes et dit à son interlocuteur que Kadhafi avait l'habitude de le recevoir dans cette pièce et qu'il ne bougerait pas de là. Ils essayèrent de l'emmener par la force en le tirant par le bras, mais Goukouni fit un mouvement brusque pour se départir de son étreinte, ce qui le fit tomber par terre. Un coup de feu partit et le toucha au ventre. Ses gardes du corps tirèrent sur les soldats libyens qui avaient ouvert le feu. Trois Libyens sont tués ainsi que l'un des gardes de corps de Goukouni, tandis que l'autre, Brahim, a eu la jambe cassée.

Goukouni perdit conscience et il ne reprit connaissance dit-il, que tard la nuit. Lorsqu'il ouvrit les yeux, il vit ses intestins hors de son corps et il réussit tant bien que mal à les replacer puis il enroula son turban autour du ventre. Il s'étendit sur la table et perdit conscience, une nouvelle fois. Il ne revint à lui que cinq jours plus tard, allongé sur un lit d'hôpital se faisant soigner par un médecin yougoslave. Il séjourna deux mois à l'hôpital où Kadhafi lui rendit visite. Lorsque les journalistes interrogèrent Kadhafi au sujet de l'incident, il apporta un démenti et leur dit que Goukouni souffrait des problèmes aux intestins, qu'il avait reçu des soins dignes d'un président et était logé dans un palais. Mais la vérité était déjà dans tous les médias internationaux.

L'arrestation de Goukouni permit de démasquer certains individus. Les rapports entre les parties tchadiennes changèrent beaucoup ainsi que ceux entre ces factions elles-mêmes et les partis étrangers. Parallèlement, ce fut une opportunité pour cicatriser les blessures entre les Tchadiens et parvenir à la réconciliation nationale. Cette arrestation fut enfin la dernière page de la relation inégale entre les armées de la révolution tchadienne et la Libye. Il suffit de dire ce que les Libyens ont eux-mêmes révélé : ils n'avaient perdu aucun Libyen dans le Nord du Tchad, mais ils ont perdu près de 4000, lorsqu'ils se sont retournés contre Goukouni. Ils ont perdu les villes tchadiennes qu'ils croyaient pouvoir rattacher à la Libye par la force.

Le Neo-GUNT

Après l'arrestation de Goukouni, Acheikh Ibn Oumar regagna Cotonou avec une délégation composée de ses cadres, dans le but de former un gouvernement dont il serait le président. Ce gouvernement fut nommé le Nouveau GUNT Effectif. Kamougué, le vice-président de Goukouni, l'attendait à Cotonou. Acheikh était accompagné de Hadjaro Al Senoussi son ministre de la Défense.

A cause de notre position par rapport à la Libye, nous sommes partis au Gabon, via Brazzaville et nous avons envoyé des lettres à 17 pays pour protester contre l'agression et l'arrestation de Goukouni.

Par ailleurs, les Libyens ont neutralisé Facho parce qu'il était de ceux qui soutenaient Goukouni.

Nous avons été invités à prendre part à une première réunion à Cotonou, au domicile de Mahamat Abba. Je lui ai d'abord demandé des nouvelles de Goukouni. Mahamat Djarma me répondit qu'il se portait bien et que tout ce que j'entendais n'était que des rumeurs répandues par Keylan Ahmat Touer et Radio France Internationale (RFI).

Nous avons dit que nous ne prendrions part à la réunion qu'à deux conditions. Premièrement, si nous nous avions des informations sur le sort de Goukouni, deuxièmement, si Facho Balam était présent. Le deuxième jour, les Libyens firent venir Facho.

Abdelkader Yacine rompit alors définitivement avec la réunion parce que c'était une affaire libyenne. Certaines personnes parmi lesquelles, Ahmat Nima et Yacoub Abdelkerim furent chargées de nous accompagner. A 10 heures, nous nous attendions à ce que Facho Balam nous fasse un compte rendu sur la situation de Goukouni, mais, malheureusement, il changea de langage et attaqua. Hadjaro, lui aussi attaqua Goukouni en disant qu'il entretenait des contacts secrets avec Habré. C'était là des propos sans fondements.

Nous avons averti que nous ne prendrions part à aucun gouvernement tant que nous ne connaîtrions pas le sort de Goukouni. C'était un militant tchadien et nous ne pouvions pas l'abandonner entre les mains des Libyens.

Nous avons remis des lettres aux participants, à Abdelkader Yacine et à 17 présidents africains, afin de faire une médiation pour obtenir la libération de Goukouni. On exigeait :

1. de savoir si le président du GUNT, Goukouni, était vivant ou mort.
2. de le relâcher immédiatement et de le faire venir à Cotonou.
3. d'arrêter les bombardements effectués par les avions libyens et leur retrait immédiat du nord du Tchad[24].

Après l'arrestation de Goukouni, la Libye avait annoncé qu'elle était intervenue à sa demande.

Lorsque nous sommes arrivés à Cotonou, Kamougué nous aperçut et il déclara qu'il ne fallait pas que l'on croie qu'il est venu insulter les Libyens selon quelques sources. On avait appris qu'il avait reçu 200,000 dollars de la part des Libyens qui lui avaient donné le choix entre se retrouver au GUNT ou se taire... Il avait opté pour le silence.

Lorsqu'un mémorandum fut distribué, Saleh Makki le lut et éclata de rire. Il dit que ce n'était pas étonnant que ceux qui l'avaient rédigé fussent proches de N'Djaména. Ces propos étaient insultants. Il pensait que nous allions rentrer à N'Djaména, mais finalement c'est lui qui rentrera à N'Djaména avant nous.

Quand ils furent informés de notre position, ils amenèrent quelqu'un d'autre à ma place, Mouta Talmai et ils

---

24 Nous rappelons que cette présence libyenne était l'œuvre de Goukouni. Personne n'osait protester ouvertement contre cette présence illégitime. Malgré l'arrestation de Goukouni par les Libyens, nos amis espéraient encore quelque chose de la Libye.

essayèrent d'attirer mes cadres en disant que leur pseudo gouvernement était composé de toutes les armées.

Après le retrait de Kamougué, c'est Nadjita Beassoumal qui a été coopté à sa place.

Ils ont formé un gouvernement moribond. L'ambassadeur de Libye à Cotonou, Moustapha Abbousitta était actif matériellement, moralement et politiquement lors de la réunion. Il essayait de convaincre certains membres du gouvernement béninois, mais pas le président Kérékou.

Mahamat Abba qui présidait les réunions pensait qu'il deviendrait le nouveau président, en lieu et place de Goukouni. Il était même pour Acheikh Ibn Oumar. Vingt-quatre heures après la désignation d'Acheikh Ibn Oumar comme président, il déclara que c'était un coup monté et qualifia le nouveau gouvernement de fantoche, fabriqué de toutes pièces par les Libyens. En somme, s'il avait été « élu » président, Mahamat Abba n'aurait rien trouvé à critiquer alors que l'échec de ses ambitions lui fit dire qu'il y eut un coup monté.

Les Libyens étaient contre ces divisions parce qu'ils voulaient que toutes les factions soient représentées dans le gouvernement d'Acheikh, mais lorsque celui-ci fut isolé ils perdirent espoir. Un avion fut mis à la disposition d'Acheikh Ibn Oumar qui entreprit une tournée dans des pays acquis à la Libye tels que l'Angola et le Congo Brazzaville. A Brazzaville il avait loué des voitures Mercedes au prix de 200.000 FCFA par jour et ils logeaient dans un hôtel luxueux, alors qu'ils prétendaient appeler à la révolution.

Le gouvernement ne fut pas reconnu, alors, la plupart de ses membres retournèrent à N'Djaména, suite à la médiation du Gabon.

À Lagos, nous avons rencontré des personnalités nigérianes à qui nous avons expliqué la situation avec l'arrestation de Goukouni et le gouvernement créé à Cotonou, pour qu'elles nous aident. Elles reconnurent la légitimité du gouvernement de Goukouni et nous leur avons dit que ce qui s'était passé avec les Libyens était une méprise contre l'Afrique. Il fallait faire sortir Goukouni de leurs griffes.

Le ralliement de Adoum Togoï et Adoum Yacoub à Habré

Malgré la confiance aveugle de Goukouni en Adoum Togoi et Adoum Yacoub, ceux-ci furent les premiers à le trahir. Après l'arrestation de Goukouni, ils n'avaient aucun état d'âme pour le remplacer. Plus tard ils se rallieront à Hissein Habré.

Durant la période où Goukouni était emprisonné chez les Libyens et blessé, les FAP se sont scindées en deux. La fraction dirigée par Adoum Yacoub et celle dirigée par Adoum Togoï se rallièrent à Habré avec la majorité de leurs cadres.

Selon plusieurs sources, les gens disaient que Adoum Togoï aimait espionner ses camarades de lutte au profit des services de renseignements Libyens. La Libye lui donnait de l'argent pour suivre nos mouvements, car nous avions refusé de traiter avec la Libye à cause de son influence, de son intention de diviser les fils du Tchad. Aussi, parce que nos relations avec l'Irak et l'Algérie les irritaient. Ces pays nous traitaient avec respect, transparence et sans diktat.

Adoum Togoï a commencé par indisposer les cadres. Alors en collaboration avec l'Ambassade du Tchad au Nigeria, il a fait extrader des cadres vers N'Djaména pour les remettre à Habré. Une délégation des FAO[25] se dirigea vers l'Irak sous ma présidence malgré tous les efforts d'Adoum Togoi pour saboter et faire échouer cette mission.

---

[25] Composé de Adoum Abdoulami, Mahamat Dibjor, Ibrahim Mall.

Togoï fit la coordination avec Abdelkerim Ma'zal et Mahamat Taher Issakai, au nom du Bureau du Tchad. Selon nos informations. Il recevait de la Libye[26] une somme mensuelle de 38 millions de FCFA pour transporter les combattants du Nigeria vers le Bénin avant de se rendre en Libye. Cette somme devait aussi servir à espionner les mouvements d'Abdelkader Yacine, Facho Balam et moi-même entre le Burkina Faso, le Togo et le Nigeria.

Adoum Togoï et Adoum Yacoub finirent par se rallier ouvertement à Habré, après qu'on leur eut envoyé une délégation pour les rencontrer quelque part au Nord[27] et les raccompagner à N'Djaména. Après les avoir rencontrés, Hissein donna à Adoum Togoï une somme de 50 millions de FCFA pour attirer les autres. Lorsque Togoi arriva à Cotonou, il me rencontra secrètement, à l'insu d'Abdelkader Yacine. J'étais accompagné d'Ahmat Haddad et de Mahamat Moustapha alors que Mahamat Youssouf était à Brazzaville. Il nous expliqua les raisons qui l'avaient poussé à se rallier à Habré. Ahmat Haddad lui dit : « Auparavant tu tenais fermement à ta relation avec la Libye au point que tu avais essayé de nous empêcher de la quitter et tu t'es arrangé pour confisquer nos passeports à l'aéroport de Tripoli de même qu'à Lagos pour ne pas aller à Bagdad. Maintenant tu viens nous tenir de tels propos ». Adoum Yacoub et Adoum Togoï pensaient tous les deux que Goukouni était fini, alors ils s'empressèrent de prendre sa place après le voyage précipité d'Adoum Togoï en France.

Adoum Yacoub attira les cadres en s'autoproclamant leader des FAP qui s'étaient ralliés à Habré. Lorsqu'il apprit que Goukouni était bel et bien vivant, il annonça que la faction rejoignait Habré. Derrière tout ceci, il y avait la pression de Habré.

---

[26] Information donnée par un des membres de leur bureau.

[27] Lieu contrôlé par Habré.

Adoum Togoï fut atteint de malaise lorsqu'il apprit l'annonce faite par Adoum Yacoub. Il logeait avec nous à l'hôtel Cristal au Gabon.

Kamougué avait tout perdu, même les membres du comité permanent qui faisaient partie du nouveau gouvernement. Il demeura seul.

La libération de Goukouni

Au début de l'année 1987, après sa sortie de l'hôpital, Goukouni nous envoya Mahamat Faki au Gabon. Il fut logé chez l'ancien Premier ministre libyen Abdelhamid Al Bakouch. Celui-là nous contacta avant et après l'arrivée de Mahamat Faki, mais nous ne connaissions pas son numéro de téléphone pour pouvoir l'appeler.

Nous nous sommes mis d'accord avec Mahamat Faki et Kilani Ahmat Touer [28] sur la procédure à adopter pour faire sortir Goukouni du territoire libyen. Nous avons aussi étudié la possibilité de nous rencontrer soit en Algérie, soit en Syrie.

Plusieurs pays africains ont envoyé des invitations à Goukouni après sa libération.

Goukouni a effectué sa première visite en Algérie puis alla en Côte d'Ivoire où il fut reçu par le président Ivoirien qui lui dit : « tu as fait face à de nombreuses difficultés dans les pays arabes et te voilà encore dans un autre pays arabe en faisant allusion à l'Algérie - si tu es en difficulté, la Côte d'Ivoire t'es ouverte ainsi qu'à tes cadres ».

Il se rendit ensuite au Bénin où il rencontra son ami le président Kérékou et de là il alla au Gabon puis au Togo. Il reviendra une fois encore au Bénin puis au Nigeria, au Burkina Faso, au Niger et au Mali où Moussa Traoré, le président, le réprimanda pour n'avoir pas pris part à la conférence de Bamako pour la réconciliation, alors que

[28] Ex directeur de cabinet de Goukouni.

Habré y était. Moussa Traoré était de ceux qui soutenaient Goukouni et il a mal pris le fait que son ami Goukouni n'assiste pas à la Conférence comme Hissein Habré l'a fait.

Ensuite il s'est rendu en Algérie et il a formé une délégation pour se réconcilier avec Hissein. A la tête de la délégation de N'Djaména se trouvait Ibrahim Itno et du côté de la délégation du GUNT, c'était Ibrahim Mala, l'un de mes adjoints. Malgré tout ce qu'il avait subi de la part des Libyens, Goukouni croyait toujours en eux et il leur envoya secrètement Adoum Togoï pour qu'ils entretiennent leurs relations à l'insu des autres parties tchadiennes. D'ailleurs, les Libyens n'avaient pas cessé de le contacter, jusqu'à sa visite au Bénin et au Burkina Faso. Lorsqu'il s'avéra qu'Adoum Togoï était en train de monter les cadres tchadiens contre Goukouni, en l'accusant d'être au service de la Libye, Goukouni rassembla les leaders des mouvements et leurs cadres et il les informa qu'il menait des négociations avec Habré par le biais d'une délégation dans le but de se réconcilier. Goukouni espérait en fait que les négociations avec Habré échouent. Il découvrit cependant que Habré avait réussi à attirer la plupart de ses cadres en leur donnant des postes dans le gouvernement.

Goukouni fit alors une visite au Cameroun, en France et en Irak puis il retourna une fois encore en Libye. Il essaya de rassembler de nouvelles forces, mais il échoua ; tout comme il avait échoué auparavant à mener la réconciliation nationale qu'il avait dirigée en Irak et échoué à mettre ses relations africaines au profit de la révolution tchadienne. Il demeura à faire la navette entre la Libye, l'Algérie et le Bénin jusqu'à son retour à N'Djaména.

Abdelkader Yacine était accompagné de Ahmat Nima, Abdallah Dahab, Mahamat Issa Adoum et moi j'étais accompagné de Issa Moussa Toumoulé et Adoum Abdoulaye, qui retournèrent à Cotonou, ainsi que de Hamid Moussaye et du capitaine Abdoulaye Younous. Nous étions en désaccord avec le conseiller du président Bongo, M Koumbo Moti.

Lors d'une rencontre avec lui au Gabon il fut clair qu'il penchait vers Kamougué - ils avaient étudié dans la même école et Kamougué était de mère gabonaise. Ce fut le seul avec qui nous avons eu une dispute. Abderahim Ndiaye qui était en colère contre lui, est intervenu. Il faisait office d'interprète, mais à cause de sa colère ajoutait du sien à nos propos. Je lui ai alors demandé pourquoi il ajoutait dans sa traduction des choses que je n'avais pas dites. Ce à quoi il a répondu qu'il lui fallait ajouter un peu de sel et qu'étant en colère contre lui, il en profitait.

Après notre arrivée à Cotonou en compagnie de Adoum Togoï, Kamougué est resté à Cotonou attendant ceux qui devaient arriver de Libye pour former un nouveau gouvernement. Parce que la Libye avait demandé à tous de quitter son territoire.

J'ai continué le voyage avec Abdelkader Yacine jusqu'à Paris. Togoï ne s'est pas entendu avec Kilani, parce que, contrairement à lui, Togoï n'était pas entièrement avec Goukouni. Les relations que Kilani entretenait avec les Français ont causé quelques désagréments à Adoum Togoï. Ce dernier a fait le voyage de Bagdad avec nous. Nous avons rencontré Badr Aldine Moudassir, membre du Baath, le Dr Abdelmajid Al Rifaï et le directeur du Bureau Afrique du Nord, Hassan Abbas qui avait remplacé Mahamat Shaikhoun. Togoï pensait que l'Irak était comme la Libye et qu'il pouvait se comporter comme il le faisait auparavant. Il se mit en colère lorsqu'il lui fut remis une somme dérisoire de 1000 dollars américains qu'il refusa.

Notre arrivée à Paris a coïncidé avec le départ de Goukouni de la Libye vers l'Algérie, en compagnie d'Abdelkader Yacine – qui ne s'est pas rendu en Algérie – Adoum Togoï, Kilani Abdallah Touer et Mahamat Faki.

Togoï essaya plusieurs fois de nous arrêter ou de nous éloigner de Cotonou. Il essaya même de nous empoisonner à l'hôtel Triano, mais l'un des réceptionnistes de l'hôtel prénommé Marc[29] nous alerta et nous demanda de ne pas manger à l'hôtel. Nous étions donc contraints de manger ailleurs.

Le colonel Massoud Abdelhafiz en personne est arrivé en Algérie après les batailles de Wadi Doum, menées par les forces de Habré où les Libyens ont subi des pertes énormes. Il a suggéré la possibilité de nous ouvrir un bureau en Libye et j'ai compris que c'était une fois encore une tentative pour nous attirer là-bas. J'ai refusé tout comme Abdelkader Yacine. Les négociations ont commencé entre le GUNT et le gouvernement Habré lors de leur rencontre avec Ibrahim Itno, ministre de l'Intérieur de Habré, qui était accompagné de Korom Ahmat, Secrétaire d'Etat au ministère des Affaires étrangères et de Mahamat Djibert, maire de la ville de N'Djaména qui fut plus tard nommé ambassadeur en Irak. En ce qui nous concerne, nous avons gardé notre position et continué les négociations parrainées par l'Irak. Habré a pu attirer certains cadres tels que Hamid Moussaye, Mahamat Hamid Korom[30] et le défunt Goukouni Guet en leur envoyant à Cotonou Djimet Togou son ex-ambassadeur à Djedda.

L'Irak et la réconciliation nationale tchadienne

Deux mois avant l'arrivée à Bagdad de Goukouni, le 30 juin 1987, une délégation fut envoyée en Irak pour préparer le terrain. Nous avions des lettres pour les six ambassades du Golfe (Qatar, Arabie Saoudite, EAU, Oman, Bahrain et le

---

[29] Il faisait aussi partie des services secrets béninois.

[30] Il ne supportait aucune critique envers Habré alors qu'Ibrahim Itno était plus ouvert. Je fus surpris de voir Korom rester à N'Djaména après le départ de Hissein Habré.

Koweït). Toutes ces ambassades ont refusé de nous recevoir. Certains pays comme le Koweït nous ont même refusé l'accès à l'ambassade.

Lors d'une audience avec Isiat Ibrahim Al Douri, numéro deux du régime après le président Saddam Hussein, ce dernier nous réserva un accueil chaleureux et nous lui avons fait part de nos déboires avec les autres ambassades. Il nous dit alors : « ne vous inquiétez pas, rentrez chez vous. Ils vous rappelleront avant même que vous regagniez votre résidence. Le Tchad est un petit pays. Si vous unissez vos rangs, nous vous aiderons. Nous avons consacré un budget de plus de neuf milliards de dollars pour l'aide aux mouvements révolutionnaires à travers le monde. Le Tchad ne sera pas négligé et nous travaillons en coordination avec la France pour stabiliser la situation politique de votre pays. »

Effectivement, avant même de rejoindre notre domicile, les six Ambassades nous ont bel et bien appelés et nous ont donné rendez-vous pour le lendemain. L'ambassadeur d'Arabie saoudite, Monsieur Al Harbi, était un général à la retraite et il avait un caractère peu commun pour un Saoudien. Il faisait preuve de beaucoup de sagesse et de diplomatie et d'ouverture d'esprit ; ce qui était très rare chez les Saoudiens à l'époque. La rencontre fut très amicale. Je lui ai dit qu'en Afrique les Tchadiens sont considérés comme des Arabes alors que les Arabes les prennent pour des Africains. Pour lui c'était normal, car disait-il : « en vous exilant en Afrique vous avez perdu votre identité ».

L'Irak était en désaccord avec les Libyens sur la guerre Iran-Irak. . L'Irak préférait équilibrer sa politique en conservant des relations diplomatiques avec le gouvernement de Habré et avec nous, à travers le parti Socialiste Baath alors au pouvoir. Les Irakiens étaient sincères dans leur position.

Les Irakiens nous ont proposé de négocier avec Habré pour soutenir l'idée de la création d'un Rassemblement des Forces Nationales au Tchad.

Le plan irakien comportait trois points :

1. retirer de la Libye les factions nationales.
2. unifier les factions dans un programme national.
3. négocier avec Habré sur la base d'un « gouvernement à la place d'un autre et un tchadien à la place d'un autre ».

Tout cela poussa Acheikh Ibn Oumar, président du CDR et président du gouvernement qui avait été formé peu avant les évènements, à Cotonou – pour remplacer le gouvernement de Goukouni avec le soutien de la Libye et la participation de certaines tendances. Il a envoyé une délégation à Bagdad et a organisé une rencontre entre son gouvernement et celui de N'Djaména afin de discuter du processus de réconciliation nationale et aider à rassembler leurs forces dans les territoires soudanais, avant de les transporter à N'Djaména.

Goukouni, alors qu'il était à Paris, reçut une invitation à se rendre à Bagdad par le biais de Djiddi Saleh. Celui-là l'avait classé quelque part et j'appris plus tard que l'invitation était tombée entre les mains des services de renseignements libyens qui étaient furieux que l'Irak accueille le processus de réconciliation entre les factions faisant perdre à la Libye un atout politique.

Goukouni devait quitter l'Algérie le 29 juin 1987. J'ai entrepris de faire la coordination avec l'ambassadeur d'Irak en Algérie, M Youssouf Abdelwadoud Ali. Le président irakien avait fait venir 50 agents de sécurité à Paris, à bord d'un avion spécial, pour accompagner Goukouni à Bagdad afin de le rencontrer le 30 juin 1987 à 11 heures. Cependant, les Libyens et les Algériens l'ont dissuadé d'effectuer le voyage sous prétexte que Habré allait arriver en Algérie via

Paris pour négocier avec lui. Goukouni annula alors le voyage et au final Habré n'est jamais arrivé. C'était en fait un coup monté pour l'empêcher de se rendre en Irak. Cela a irrité l'ambassadeur d'Irak en Algérie lorsqu'il me reçut un mois plus tard chez lui. Il a dit : « Goukouni se moque de nous et n'a aucune considération ou respect envers l'Irak ». Nous avons été obligés de nous rendre en Irak avec Goukouni en compagnie de Kilani Abdallah Touer, Abdelrahim Ndiaye, Moussa Saleh, Choua Dazi, Keley Abdallah et Mahamat Faki. Le Dr Abdelmadjid Al Rifaï membre du parti nationaliste et quelques leaders du parti nous ont chaleureusement accueillis à l'aéroport.

On fut logé à l'hôtel Al Rachid et le Dr Abdelmadjid Al Rifaï nous rencontra le matin pour mettre au point le programme des rencontres et des visites. Nous avons visité Kerbela durant la matinée puis dans l'après-midi à 16 heures, nous avons tenu une réunion au siège du parti nationaliste.

Goukouni fut sage dans sa manière de traiter avec les Irakiens. Il les remercia d'abord pour leur reconnaissance du Frolinat depuis les années 70 et l'octroi de bourses d'études aux Tchadiens dans tous les domaines. Il leur fit part de son souhait d'être à leurs côtés dans la guerre qui les opposait à l'Iran et les remercia de leur soutien matériel et moral au GUNT malgré cette guerre. Enfin Il les remercia aussi de n'avoir ménagé aucun effort pour contacter toutes les parties tchadiennes en conflit et les accompagner afin de trouver une solution politique.

Cette réunion s'est ensuite tenue en présence de Badr Aldine Moudassir, membre du parti nationaliste, de Zouher Alqadri, ancien ambassadeur d'Irak au Tchad et directeur de l'administration africaine du ministère des Affaires étrangères, de Hassan Abbas, coordinateur des rencontres, de l'opposition libyenne, des représentants de Saddam Hissein et d'autres organes irakiens. La présence de l'opposition libyenne était embarrassante pour Goukouni. La réunion se poursuivit jusqu'à 20 heures et Goukouni focalisa son discours sur sa biographie. Il n'aborda pas le point essentiel qui était la réconciliation. Celle-ci était dans l'intérêt de Habré parce qu'il avait accepté de négocier sur le principe d'un « gouvernement remplacé par un autre » et dans le cadre d'un dialogue inter tchadien. Depuis 3 ans, les Irakiens, en contact avec N'Djaména et Goukouni faisaient des efforts pour trouver une solution. Au milieu de la nuit, Hassan Abbas vint me voir et me dit que Goukouni devait rencontrer le jour suivant M. Tarek Aziz, adjoint du Premier ministre et ministre des Affaires étrangères. Mais il était clair pour les autorités irakiennes que Goukouni ayant focalisé son discours sur sa biographie n'avait aucune volonté de réconciliation et qu'il comptait toujours sur la Libye. Il était décidé que nous quitterions tous Bagdad le lendemain à 7 heures du matin. Pour nous, c'était une surprise.

Goukouni ignorait totalement le poids de l'Irak sur la scène internationale qui était bien plus important que celui de la Libye. Saddam Hussein était un dirigeant important et il était entouré de hauts cadres capables de mener des négociations sur la scène internationale.

Les Irakiens se sont tournés vers Habré pour lui apporter un soutien considérable après avoir été convaincus du manque de volonté de Goukouni à négocier. Habré a ainsi réussi à gagner à sa cause les Irakiens malgré son manque de conviction en ce qui concerne la réconciliation avec Goukouni.

Habré craignait que la puissance de l'Irak dans la région tourne en faveur de ses adversaires s'il refusait de se réconcilier avec les opposants. Lorsqu'il se rendit compte de la force du rassemblement, il accepta le principe de négociation « un tchadien à la place d'un autre » et il fit rouvrir l'ambassade du Tchad à Bagdad.

Lorsque l'Irak reçut l'accord de N'Djaména, nous avons été chargés d'inviter toutes les factions à se rendre en Irak.

Avant de se rendre à Bagdad, Acheikh Ibn Oumar était l'hôte du président Gnassingbé Eyadema du Togo, qui l'avait accompagné lors d'une visite secrète à N'Djaména – sous sa responsabilité personnelle. Ils rencontrèrent Habré et mirent sur pied les bases de la réconciliation nationale. Ils ne mentionnèrent jamais cette visite secrète, et bien entendu, la délégation de Acheikh, sauf Mahamat Abdelkerim Mazal, n'était pas au courant de ce qui s'était passé et du pays qui avait parrainé la réconciliation. Eyadema mit des moyens à la disposition de Acheikh pour se rendre à Bagdad et informer les Irakiens que la réconciliation aboutirait au Togo.

Les Irakiens ont ensuite mis à la disposition d'Acheikh des moyens pour rentrer à N'Djaména avec une forte délégation accompagnée par le frère de Saddam, Ali Abdelmadjid. Il avait dit aux Irakiens qu'il y avait des milliers de Tchadiens partisans du CDR qui étaient réfugiés. Les Irakiens avaient promis de donner des billets d'avion et de l'argent de poche à chacun d'entre eux pour qu'ils rentrent tous au Tchad. Eyadema fut surpris par ce comportement, car qu'il était l'initiateur de la réconciliation. Après être devenu ministre des Affaires étrangères, les Irakiens ont promis à Achcick de lui donner un budget au nom du CDR. Acheikh a envoyé Mahamat Saleh Annadif et Khalifa Malloum à Bagdad pour recevoir de l'aide financière. Ils ont été bien accueillis et logés à l'hôtel Babel. Habré voyait mal que Acheikh fasse partie de son gouvernement et reçoive de l'aide extérieure au nom du CDR. La délégation du CDR est restée à l'hôtel et Hissein a contacté son ambassadeur Mahamat Djibert de demander aux Irakiens de ne pas aider le CDR étant donné que ce mouvement faisait partie de son gouvernement et n'avait pas à recevoir leur aide. Les Irakiens voulaient débloquer la somme qu'ils avaient promise, mais Hissein à travers son ambassadeur leur mit des bâtons dans les roues et la délégation a attendu près de 4 mois en vain. Hissein a ensuite obligé Acheikh à se joindre à l'UNIR. S'il ne s'était pas joint à Hissein et s'il avait adopté une position ferme, les Irakiens aurait été à ses côtés matériellement, financièrement et politiquement. Ils avaient même l'intention de faire de lui le président du Tchad en lui ouvrant les relations avec d'autres pays tels que la France.

Chaque fois que je me suis rendu en Irak, on m'a demandé des nouvelles du militant arabe Acheikh. Je sentais qu'ils avaient vraiment la volonté de l'aider, mais celui-ci s'est empressé de basculer dans le camp de Hissein.

Une délégation de N'Djaména arriva avec Hassan Djamous et Rozi Fodeïbo. Habré en personne, fut ensuite accueilli. Il vint en compagnie d'Idriss Deby[31] du sommet de la Conférence Islamique qui s'était tenue au Koweït. Il y avait avec lui une délégation avec à sa tête Ibrahim Itno pour signer l'accord.

Mahamat Abba et Hadjaro Al Senoussi ainsi que le communiste Dr Facho Balam arrivèrent en Irak en prétendant être du parti Baath. Mais ce parti n'encourageait pas le communisme même s'il existait un parti communiste irakien.

Goukouni ne fit pas le voyage. Il envoya une délégation pour le représenter. Elle était dirigée par Keilani Ahmat Touer.

Kamougué ne répondit pas non plus à l'invitation, car il était à Brazzaville où on essayait d'accueillir la rencontre de la réconciliation. Le CDR envoya une délégation avec Mahamat Saleh Annadif, Bachir Al Samani et Mahamat Issa.

Il y eut des sessions de travail à Bagdad entre les deux camps en octobre 1986 puis le communiqué de Bagdad annonça la réconciliation nationale. Ceci était la base de la réconciliation générale à laquelle adhérèrent plus tard les tendances qui n'y avaient pas pris part.

---

31 Chef d'Etat Major à l'époque.

Le communiqué de Bagdad fut signé par Ibrahim Itno, ministre de l'Intérieur de Habré et chef de délégation et Acheikh Ibn Oumar.

La médiation irakienne pour faciliter la réconciliation nationale a permis l'acceptation d'autrui afin de réaliser l'unité et l'indépendance.

Après le retour de Goukouni en Algérie, la plupart des armées tchadiennes qui composaient le gouvernement retournèrent à N'Djaména suite à la négociation. Tel, fut le cas du Frolinat originel d'Abdelkader Yacine grâce à une médiation irakienne, d'Ali Mahamat Zène, de Mahamat Mahdi de la Première armée et de Acheikh Ibn Oumar.

Avant eux, Kamougué rentra au bercail grâce à la médiation du Gabon au moment où les Irakiens n'encourageaient pas la réconciliation avec Habré en tant que fraction, mais en tant qu'opposant au gouvernement de Goukouni.

Le GUNT se divisa et il ne resta plus que la faction des Forces Armées Occidentales que je dirigeais et les Forces Armées Populaires de Goukouni.

A une nouvelle invitation de traiter avec la Libye, ce qui restait comme armées ont opposé leur refus en raison du mauvais traitement qu'ils ont subi à cause de la politique libyenne. Même certains cadres proches de la Libye tels que Adoum Togoï et son directeur de bureau Kilani Abdallah Touer et Mahamat Louani. Ils n'étaient pas solidaires. D'ailleurs, Louani qui représentait Goukouni dans le Bureau des Affaires Tchadiennes en Libye s'est réfugié en France et a demandé le droit d'asile politique. Adoum Togoï et Kilani Abdallah Touer se disputèrent. Ce qui poussa Adoum Togoï à créer son propre mouvement. La rupture entre Goukouni et Kilani fut consommée à cause de leurs divergences et ainsi disparu ce qui restait du gouvernement de Goukouni.

Lorsque Habré sut que Goukouni était seul, il renoua le contact avec lui. Ibrahim Itno était du côté de Habré et Ibrahim Malla du côté de Goukouni.

En 1987, Goukouni n'a pas su tirer profit politiquement de l'agression libyenne dont il a été victime ou de sa relation avec la Libye et de la solidarité affichée par la plupart des pays africains et en particulier le président Houphouët Boigny qui lui avait proposé de s'installer en Côte d'Ivoire. Il n'a pas su mettre ces atouts au service de ses intérêts (politiques et personnels). Ces opportunités ont été gâchées inutilement et ainsi se termina la page politique de Goukouni.

LE REGIME HABRE

L'Imam Moussa soutenait Habré bien qu'il ait fait exécuter ses collègues, il en parlait la rage au cœur. Il n'avait pas de bons rapports avec Habré. Cependant, il s'opposait catégoriquement à la Libye et à Goukouni son protégé. C'est la raison qui l'a poussé à se ranger du côté de Habré et il facilita les relations de ce dernier avec le Soudan, l'Egypte, l'Arabie Saoudite et le Maroc. Mais lorsque Habré a pris le pouvoir à N'Djaména, l'Imam s'est exilé à l'étranger. Il devint un réfugié comme les autres Tchadiens et son conflit avec Habré demeura secret. Il est à noter que le corps diplomatique présent à N'Djaména a joué un rôle honorable, y compris le représentant du Soudan qui y perdit la vie

Habré imposa aux citoyens de payer l'effort de guerre en versant une partie de leur salaire. Il préleva des taxes sur les éleveurs, ce qui les poussa à se réfugier avec leur bétail dans les pays voisins (Niger, Nigeria et RCA). Il imposa aussi des taxes spéciales aux commerçants et poussa les commerçants tchadiens d'origine libyenne à quitter le Tchad pour la Libye. Il imposa le service militaire obligatoire, pour les jeunes de la région du Kanem en particulier, et la politique de répression contre le peuple par le biais de sa police politique, la DDS[32] qui a bafoué l'honneur de plusieurs cadres tchadiens.

Pourquoi le régime de Habré a-t-il été défait par l'un de ses officiers en 1990 ? Tout d'abord les pays voisins ne lui faisaient plus confiance, notamment le Nigeria, suite aux événements de 1983 du Lac Tchad. Ensuite, il était toujours en conflit avec Kadhafi. De plus, il était en conflit avec le Soudan et ce, malgré l'aide que ce pays lui a apporté, sous trois gouvernements successifs : accord avec le général Félix Malloum, charte fondamentale (1978), accords de Lagos (1979, 1981, 1982). Habré se querella avec la France à cause du pétrole et se rapprochait des américains, notamment après sa victoire au Nord du Tchad, (même si cette victoire est à mettre à l'actif des éléments du GUNT). Font aussi partie des causes de la chute de Habré la division du front interne, avec le sud notamment, et la ségrégation qu'il entretenait parmi ses soldats et même avec sa famille Gorane en général et les Zaghawa tels que Deby et Hassan Djamous en particulier.

Selon le mythe tchadien, on dit que : ses marabouts lui auraient dit qu'un certain Idriss prendrait son pouvoir. Cela a amené Hissein Habré à tuer Idriss Miskine alors même que c'est Idriss Deby qui l'a chassé du pouvoir. Inutile de rappeler que la plupart des dirigeants africains croient à la puissance des Marabouts et sorciers et ils les emploient à leur service

La question que se pose chaque Tchadien est de savoir comment Habré a pu faire face au gouvernement de transition durant la guerre de 1980, mais prendre la fuite lors de l'avancée des forces d'Idriss Deby alors qu'elles étaient à 800 kilomètres de la capitale. Etait-il courageux en 1980, mais lâche en 1990 ? La vérité c'est qu'il comptait sur des forces étrangères et que lorsqu'elles le lâchèrent, il prit la

32 Direction de la Documentation et de la Sécurité

fuite. La vie des Tchadiens ne lui importait guerre mais il avait peur pour la sienne.

Leçons et héritage de la révolution

Depuis leur arrivée et pendant leurs 60 ans de colonisation, les Français ont tenté d'effacer l'identité tchadienne, de l'arracher de sa civilisation et de la reformer à nouveau. Ils ont liquidé les savants musulmans au Ouaddaï (massacre de 1917, dit du coupe-coupe). Seulement, ils ne purent laisser que leur langue française. Ils se sont focalisés sur la division entre les sudistes et les nordistes. Ils ont implanté chez les sudistes, le sentiment de mépris envers les nordistes, leurs croyances religieuses et culturelles. Mais ils furent surpris que des sudistes nomment leurs enfants avec des noms de nordistes musulmans.

Lorsque débuta la révolution du Frolinat les sudistes rejoignirent la révolution bien que le colonisateur a tout mis en œuvre pour les en empêcher : ils avaient découvert tout naturellement que la révolution luttait pour tous les Tchadiens. Ce que la révolution a réalisé pour les sudistes fut bien plus que ce qu'elle a réalisé pour les nordistes. Elle a construit une personnalité tchadienne qui croit en la liberté et qui aspire à l'indépendance, alors qu'était apparu au sein des sudistes des individus qui essayaient d'imiter lès colonisateurs et de renier leur identité.

Il y eut aussi ceux dont les slogans sont allés au-delà du Frolinat, contre la colonisation et ses alliés. Plus que les nordistes, les sudistes ont souffert de l'amertume causée par le colon qui a profité d'eux à des fins inavouées. La colonisation n'a pas réussi à séparer le Sud du Nord parce que les slogans de la révolution ont réussi à faire échouer ses plans et c'est par le sang des Tchadiens qui luttaient contre la séparation.

La révolution du Frolinat, par ses objectifs et ses slogans, a inspiré beaucoup des mouvements de libération nationale africains. Elle s'identifia elle aussi à la lutte de certains pays africains et aux mouvements révolutionnaires arabes. Elle créa des liens solides entre les peuples de ces révolutions et le peuple tchadien et elle fit des pays voisins, des bases stratégiques pour sa lutte. Les relations avec certains pays voisins furent jalonnées d'erreurs, mais la révolution a permis au citoyen tchadien d'avoir confiance en lui-même et à enraciner en lui l'aspiration à la liberté, à la justice et à l'égalité. Au Nord du Cameroun, une révolution a commencé en même tant que le Frolinat, mais à défaut d'avoir une base, cette révolution a été étouffée.

Malgré les divergences entre les armées tchadiennes qui les amenèrent à s'entretuer, celles-ci s'unifièrent contre le colonisateur, comme elles s'unifièrent pour libérer le Nord du Tchad des mains des Libyens. Les troupes du GUNT ont rejoint celles de leur rival Habré qui l'avait éloigné du pouvoir… Toutes ont uni leur volonté avec celle de Habré parce que leur aspiration à la libération a fait tomber le duo franco-libyen et ce sur quoi ils s'étaient mis d'accord à la Crète. La libération était la motivation de la révolution du Frolinat : se libérer de l'exploitation du colon pour l'indépendance et la souveraineté du pays. La libération du nord a créé les conditions favorables pour une atmosphère de réconciliation nationale et la gestion des affaires tchadiennes par les Tchadiens eux-mêmes.

La révolution du Frolinat, dès le début, avait pour objectif de se libérer de la colonisation. Après avoir accordé une pseudo- indépendance, ces colons ont instauré des règles qui servaient leurs intérêts et leurs ambitions au Tchad. Tombalbaye qui était leur produit voulait les chasser. Tout comme Malloum. Il n'était pas de l'intérêt du Tchad qu'un poignard lui reste planté dans le flanc : un pays sous l'influence de la colonisation ne peut prétendre être indépendant s'il ne possède pas une volonté propre et une souveraineté. Celle-ci n'est complète qu'avec une indépendance politique, économique et sociale après l'indépendance. La relation avec l'ex-colonisateur doit prendre en considération les intérêts des deux peuples et ne doit pas se baser sur le droit de disposer de ses anciennes colonies. Les Algériens ont payé le prix fort avec 1,5 millions de martyrs pour libérer leur pays. Le pays colonisateur était donc devenu méfiant envers ses autres colonies et leur a accordé une indépendance « verbale ». Il y a des leaders panafricains tels que Patrice Lumumba dans le Congo Léopoldville, Marien NGouabi au Congo Brazzaville, le Dr Nkrumah au Ghana, Djamel Abdel Nasser en Égypte, Ahmed Ben Bella et ses collègues en Algérie et bien d'autres...

La colonisation a neutralisé ces nationalistes panafricains d'une manière directe ou indirecte, et a mis des individus à leur solde qui ne se souciaient que d'amasser des richesses et de satisfaire leurs familles.

Depuis l'annonce de l'indépendance politique du Tchad, tout comme après le déclenchement de la révolution du Frolinat, ceux qui ont gouverné le Tchad se sont fait aider par les étrangers pour assurer la pérennité de leur pouvoir. Et, ils en ont payé le prix par la suite. Ainsi prit fin la relation de Tombalbaye et Malloum avec les Français avant la révolution et ainsi prit fin la relation de Goukouni et de Hissein avec les Libyens et les Français. Telle est la vérité sur laquelle les générations futures doivent méditer.

La révolution a permis au Tchad d'accéder à l'indépendance politique, mais la guerre civile a affaibli considérablement le pays et en a divisé ses rangs.

Le Tchad a perdu son statut d'État tout comme le peuple tchadien a perdu ses meilleurs cadres durant la guerre civile et il est difficile de combler le vide.

Au lieu de se rencontrer dans des conférences nationales qui posent les jalons des plans futurs pour le développement du pays, de travailler sincèrement pour l'intérêt national et d'accélérer l'unification des fils d'un même pays, les cadres des armées étaient préoccupés par les problèmes de leur mouvements. Ce qui les poussa facilement à alimenter des conflits sans fin et destructeurs pour la nation.

L'instabilité du pays est due aux conflits. Beaucoup de personnes instruites ont été arrachées des universités à travers le monde. A la fin de leurs études, ils se sont installés à l'étranger, privant leur pays du savoir et de l'expérience qu'ils ont acquis. Ils adhéraient aussi à des mouvements et les divergences politiques entre eux ont privé le pays de leurs compétences

Certains Tchadiens, à cause des conflits, se sont laissés tromper par les mains qui leurs étaient tendues dans les situations difficiles au point de se trouver impliqués avec l'étranger contre leurs compatriotes. Ils ont facilité malgré eux, l'influence étrangère sur les décisions nationales.

Certains Tchadiens se sont installés ailleurs et ont pu s'offrir une vie confortable. Ils trouvaient qu'il était difficile de s'adapter à la vie dans leur pays, mais ceci ne veut pas dire qu'ils ont oublié leur patrie. Comme le dit un adage tchadien mis dans la bouche d'une gazelle : « mon ventre ou ma patrie ».

La dispersion des Tchadiens et principalement des cadres a permis aux successeurs de la colonisation de profiter de l'occasion qui leur était offerte. Ils sont devenus des citoyens par ancienneté pendant que les véritables citoyens étaient en exil. Ceux-là étaient toujours prêts à s'exécuter pour les dirigeants et ils profitèrent du groupe politique qui éloigna certains cadres nationaux des rennes du pouvoir. N'Djaména était une ville cosmopolite constituée, entre autres, de personnes venant d'Afrique de l'Ouest en route pour le pèlerinage à la Mecque et qui finissaient par s'y installer.

Le Tchad a perdu une part importante de ses richesses animales à cause de la guerre et de l'instabilité en plus de la fraude organisée à laquelle contribua l'occupation.

A cause de l'ingérence des pays voisins, de celle des pays colonisateurs, et l'empressement des gouvernants à se faire soutenir par l'étranger, le Tchad a perdu le respect des pays frontaliers et subi plusieurs agressions.

Il faut noter également l'absence d'une culture nationale. Au lieu de développer les richesses culturelles et le folklore populaire, il y eut un choc causé par le colon entre la langue arabe et la langue française. La langue française du colon avait la suprématie et aucun véritable effort n'a été fait pour développer et valoriser le rôle de la langue arabe qu'elle soit locale ou littéraire. L'arabe local et l'arabe classique sont des langues autochtones utilisées comme langue vernaculaire.

Attitudes tchadiennes

Des manifestations des 16 et 17 septembre 1963 à nos jours, on constate que les Tchadiens donnent leur vie sans hésiter chaque fois qu'ils font face à une guerre. A l'inverse, ils sont incapables de supporter la mort de quelques personnes dans une manifestation.

Nos compatriotes ont des aspirations, mais ne prennent aucune initiative qui puisse leur permettre d'atteindre leurs objectifs. En réalité le mot « pays » n'existe pas au Tchad. Il n'y a pas de nation, pas de patrie, mais plutôt des clans et des ethnies. On ne juge pas les cadres et dirigeants en fonction de leurs compétences ou de leur aptitude à diriger le pays, mais en fonction du travail dont bénéficie leur propre ethnie.

Tout le monde sait que l'Afrique est riche et que sa population est extrêmement pauvre. La raison est simple : c'est entièrement dû à la mauvaise gestion des ressources par les dirigeants africains. L'homme africain vit grâce à ses efforts et à son travail. Prenons l'exemple d'un pays tel que la Jordanie qui est extrêmement pauvre et ne possède aucune ressource minière. L'ingéniosité de ses dirigeants, comme le roi Hissein, en a fait un pays prospère.

Les citoyens vivants dans les zones urbaines, en particulier les intellectuels, sont en grande partie des hypocrites. En témoigne le seul fait qu'ils n'ont jamais fait l'éloge d'un président déchu et qu'ils n'ont jamais critiqué ouvertement le pouvoir en place. A la fin des années 80, Hissein Habré a organisé des élections supposées libres et démocratiques. Il les a remportées avec 99 % des voix sans même avoir d'adversaire ou un parti d'opposition. La question qui se pose est ceci : où et pour qui ont voté les 1 % ? Dans la mesure où il y avait qu'un parti unique. La population a applaudi et salué sa victoire. Or, immédiatement après son départ, on a dit de Hissein Habré était un dictateur et qu'il avait exécuté 40.000 personnes. A mon avis, ce chiffre est bien en dessous de la réalité. Toutefois, cela illustre bien l'attitude de la population à l'égard de ses différents dirigeants.

Habré n'était pas le seul à agir dans ces exactions. Beaucoup de ceux qui complotaient avec lui hier le traitent de dictateur aujourd'hui. A mon humble avis une chose est sûre, c'est que Habré ne sera jamais jugé pour crimes de guerre ou crimes contre l'humanité, car si lui est en exil, les membres de son gouvernement sont là en vie au Tchad.

CONCLUSION

En 60 ans, la colonisation française a été incapable de recréer une nouvelle identité tchadienne et de l'arracher à ses racines islamiques. Elle a donc tenté de le faire par le biais de certains de nos compatriotes tchadiens en développant une partie du pays et en ignorant le reste, en instaurant la ségrégation dans l'éducation et l'emploi, et en imposant la civilisation du colon, au lieu de développer les cultures locales et de renforcer l'unité nationale. Ceci ne devait pas arriver à un peuple que Dieu a créé libre et souverain et qui a contribué à travers les royaumes qui ont gouverné le Tchad et dont l'influence s'est étendue de l'Est à l'Ouest, à forger l'identité tchadienne avec ses caractéristiques uniques.

Ces injustices causées par les autorités gouvernantes, avec l'attitude du colon qui était sortie par la porte, mais qui est revenue par la fenêtre, a mené à la révolution du Frolinat, porteuse de nobles slogans qui se sont fait une place dans le cœur de tous les Tchadiens qui aspiraient à la liberté.

La révolution a exprimé les ambitions de tout le peuple tchadien et a trouvé un écho chez ses consœurs des Mouvements de Libération National Africains, et dans le Mouvement Révolutionnaire Arabe. Elle a inspiré certains et aidé d'autres à tirer profit de la période des indépendances des années soixante. Le Frolinat a été fidèle à ses objectifs grâce à ses premiers leaders. A cause de ses grandes ambitions il a fait face à des menaces internes et externes.

Mais malgré les obstacles qui se dressaient sur son chemin, le Frolinat a pu parvenir à N'Djaména en 1979 après sa création au Soudan treize ans plus tôt.

La révolution n'a pas pu atteindre tous ses objectifs, même après la formation du gouvernement d'union nationale le 11 novembre 1979. Sa légitimité fut reconnue sur le plan international, et avant cela, elle avait été reconnue par le peuple. Certes, elle a poussé vers l'union nationale, mais elle n'est pas parvenue à faire partir le colon et à se débarrasser de son influence. Ainsi, certains de ses cadres l'ont attaquée pour réaliser leurs basses ambitions. Quant au soutien international reçu par la révolution de par le monde et surtout des pays voisins, il a été difficile de faire la distinction entre le vrai et le faux.

Des événements ont failli dénaturer la révolution en la faisant rentrer dans des conflits ethniques et tribaux. Grâce à ses principes, elle a pu se redresser et ramener les révolutionnaires vers l'unité du peuple tchadien. Beaucoup de choses ont circulé sur les Sara à cause de Tombalbaye. Cependant, ce qui leur advint par sa faute ne fut pas moindre que ce qui advint au peuple tchadien. La même chose a été dite de Goukouni et après lui de Habré, à cause de leur appartenance à l'ethnie Gorane. De toutes les façons, les Goranes sont restés de farouches combattants dans la révolution, tenant fermement à ses principes malgré les mauvais traitements que leur ont fait subir Habré et Goukouni. A l'Est et au Nord-est, une série de crimes ont été commis au nom du CDR, mais le criminel sera rattrapé par son crime. La situation s'est éclaircie et le peuple uni est resté seul maître.

Les mauvais traitements qui ont entaché la révolution à cause de certains membres du CDR et des FAP, en permettant aux Libyens, tant bien que mal, d'occuper une partie de son territoire, n'ont rien pu changer à l'unité des Tchadiens. Il était naturel que tous s'unissent lorsque les conditions de libération furent réunies en 1986. L'atmosphère de réconciliation nationale a permis de libérer une partie du Nord, puis le reste du pays, lorsque les relations entre les deux voisins se sont normalisées.

En 1978, le défunt Ramadan Ahmat "Choufta Kida"[33], a dit : *« la révolution tchadienne a fait face à de grandes menaces comme l'oiseau qui vole dans la tempête fait face au vent et à la pluie, mais elle bat des ailes et continue à voler ».* Ainsi le Frolinat qui parle au nom de tous ceux qui ont subi l'injustice au Tchad sera à la fin victorieux. Comme le révolutionnaire Che Guevara qui ambitionnait de libérer le monde, je suis sûr que le peuple tchadien est capable de libérer le Tchad. La révolution a subi l'injustice de ses fils, avant de subir celle des autres, mais elle a libéré le tchadien de la peur et du silence, face à la colonisation et à l'occupation et elle l'a débarrassé définitivement de toutes formes de soumission. Il est suffisant qu'elle ait fait de l'homme tchadien quelqu'un qui est maître de sa décision. Certes, la révolution ambitionnait de faire un réel développement et faire sortir le Tchad du cercle de la pauvreté. Mais elle n'a pas pu atteindre cet objectif. Cependant, elle sema l'espoir dans le cœur des générations futures tchadiennes.

Lorsque j'ai rencontré à Bagdad le révolutionnaire soudanais Hassan Abbas, le 29 juillet 1978, il m'a dit : *« l'homme libre ne peut réduire autrui à l'esclavage »* J'avais très tôt annoncé ma position contre l'attitude des Libyens, leur tentative acharnée pour influencer nos décisions et ce qui nous poussa à exécuter leurs demandes, même si elles étaient en contradiction avec l'intérêt national. J'ai gardé des relations amicales avec certains Libyens qui ont respecté cette amitié et je n'avais aucun commentaire à faire par rapport à la révolution libyenne qui a mis fin au système

---

[33] Chef d'Etat Major de la 1ère armée qui avait ce surnom, car il répétait systématiquement cette phrase qui en arabe signifie « tu as vu ? ».

monarchique en Libye. Cependant, je ne me gênais pas de dire ce que je pensais de leur attitude envers nous et leur occupation de notre territoire. Mon opinion leur était embarrassante et ils ont essayé, par le biais de certains leaders de tendances ou même directement, de me faire changer d'avis. Bien entendu, ils ont échoué. Je reconnais qu'ils ont combattu à nos côtés avec courage dans des batailles que nous avions menées, de même que nous les avons combattus avec courage lorsque la situation sur le plan national l'exigeait. La géographie et l'histoire régissent les relations entre les deux pays et aucun des deux n'a intérêt à renier l'autre. Nous espérons donc de la Libye qu'elle dédommage les Tchadiens à cause des pertes matérielles et humaines qui ont découlé de sa politique et des pertes qu'ils continuent à nous faire subir à cause des mines qui ont été posées dans la zone, sur le territoire tchadien. Nous espérons aussi qu'il y ait de bonnes relations entre les deux pays, basées sur leurs intérêts communs.

Même après avoir quitté notre pays, le goût amer de la colonisation française reste encore présent chez le Tchadien. Nous ne rejetons pas et nous ne rejetterons jamais la culture française, mais elle ne remplacera jamais la culture arabo-islamique. C'est ce que les Français doivent comprendre maintenant que la page de la colonisation est définitivement tournée. Nous aspirons à ce qu'ils nous soutiennent pour développer le pays, le mettre sur le chemin du progrès et construire des relations basées sur les intérêts communs. Il faut aussi qu'ils payent le prix de leur colonisation ; ce qui permettrait au peuple tchadien d'émerger. C'est ce que les Tchadiens attendent d'eux et qui renforcerait la relation entre les deux peuples et les deux pays. Je conclus en disant que seule la vérité est bonne à dire.

Je demande à la jeunesse tchadienne de moins de 40 ans de mettre en avant l'amour de la patrie et de dépasser les clivages claniques et religieux. Afin de se souder pour le bien de ce pays. Ils doivent juger leurs dirigeants non pas en fonction de leur ethnie, mais en fonction de leurs actes. Ils doivent aller au-delà de leurs ambitions personnelles et avoir des ambitions pour la nation tchadienne. Je demande aussi aux artistes tchadiens de ne pas faire seulement l'éloge des dirigeants, mais aussi de faire l'éloge de leur pays, car celui-ci est beau du Nord au Sud avec son désert, sa savane, ses forêts et sa diversité culturelle.

Le Frolinat était à l'époque une organisation très soutenue par le peuple. Mais au fil du temps, il a été décrié par la majorité des Tchadiens. Cela est dû à la mauvaise gestion de ses ressources humaines et matérielles par ses leaders. Ce qui est sûr, cependant, c'est que la plupart des chefs d'États arrivés au pouvoir, que ce soient Goukouni, Lol Mahamat Choua, Hissein Habré ou Idriss Deby, ont tous, été soutenus par des éléments formés au sein du Frolinat. Ramadan Ahmat pense que le Frolinat renaîtra à nouveau.

Mon expérience au sein du GUNT me laisse un gout amer : il n'y a aucun amour de la patrie, pas de sens patriotique... La trahison était monnaie courante et nous étions tous des instruments aux mains des Libyens qui nous utilisaient à leur guise. Le GUNT n'était finalement qu'un regroupement de personnes matérialistes et opportunistes sans cause à défendre.

TABLE DES MATIÈRES

Le Tchad
aux éditions L'Harmattan

Dernières parutions

TCHAD LES PARTIS POLITIQUES ET LES MOUVEMENTS D'OPPOSITION ARMÉS DE 1990 À 2012
Haggar Hissein Idriss
Le multipartisme intégral, tel qu'il existe au Tchad, ne rime pas forcément avec démocratie et a donné naissance à plus de 150 partis n'ayant aucune influence sur la vie politique. Afin d'éviter que le pays ne sombre dans un chaos généralisé et incontrôlable, l'auteur propose une démocratie éducative et constructive en limitant le nombre des partis politiques. Une fois la démocratie bien enracinée auprès des populations par la formation, l'éducation et le civisme et rendue possible l'alternance politique par les urnes, la limitation se fera d'elle-même.
(Coll. Pour mieux connaître le Tchad, 31.00 euros, 302 p.)
ISBN : 978-2-343-04796-6, ISBN EBOOK : 978-2-336-36481-0

BATAILLE (LA) DE N'DJAMENA – 2 FÉVRIER 2008
Récit
Koulamallah Abderaman
Abderaman Koulamallah raconte ici la folle chevauchée motorisée de plus de 1000 kilomètres, qui a permis la prise de N'Djamena, le 2 février 2008, à laquelle il a participé au cœur d'une coalition rebelle déterminée à renverser Idriss Déby, ainsi que les événements qui ont suivi, et le repli de l'expédition. La victoire de N'Djamena, fait d'armes exceptionnel, a surpris tout le monde, mais l'expédition a fini en repli. Que s'est-il passé ? Comment expliquer ce gâchis ?
(18.00 euros, 282 p.)
ISBN : 978-2-343-05077-5, ISBN EBOOK : 978-2-336-36771-2

CONFLITS (LES) SOCIAUX AUX RIVAGES DU LAC TCHAD DUS À LA RÉGRESSION DU NIVEAU DES EAUX
Le cas des populations du canton de Bol (nouvelle édition)
Ndadoum Nadmian
Le lac Tchad, quatrième en Afrique et septième dans le monde, a connu une régression rapide dans les quarante dernières années. La raréfaction des ressources en terres cultivables et en eau ainsi que le manque de coopération entre les acteurs impliqués dans la gestion des ressources en eau du lac expliquent la recrudescence des conflits entre cultivateurs, éleveurs et pêcheurs. Qui sont ces acteurs ? Quels rôles jouent-ils ? Comment communiquent-ils les uns avec les autres ?
(Coédition Al Mouna, 12.00 euros, 106 p.)
ISBN : 978-2-336-30973-6, ISBN EBOOK : 978-2-336-36510-7

DICTIONNAIRE PRATIQUE DU FRANÇAIS DU TCHAD
Djarangar Djita Issa
Ce dictionnaire est conçu pour permettre à l'utilisateur de s'exprimer en français tout en continuant à regarder le monde et à penser dans les langues tchadiennes : avec lui, le français devient langue tchadienne. Pour le touriste de passage comme pour l'étranger qui vit au Tchad, posséder cet ouvrage c'est déjà mettre un grand pays en poche pour un tourisme linguistique et culturel. Pour l'enseignant et l'apprenant, il est un outil pédagogique qui leur donne les moyens de se comprendre.
(Coll. Études africaines, 39.50 euros, 416 p.)
ISBN : 978-2-343-04070-7, ISBN EBOOK : 978-2-336-35476-7

RELATIONS (LES) ENTRE FRONTALIERS
Cameroun-Tchad
Domo Joseph
Les frontières nées de la colonisation séparent des groupes sociaux qui ont toujours partagé un environnement commun. Désormais, les peuples se reconnaissent comme appartenant à des réalités différentes. La tendance est à la poursuite d'une coopération soutenue et au renforcement des liens à travers la densification et la modernisation des moyens de communication. La mobilité des populations, rendue plus fluide, autorise une meilleure approche des rapports interindividuels dans le cadre formel de la CEMAC.
(Coll. Études africaines, 21.00 euros, 210 p.)
ISBN : 978-2-296-99781-3, ISBN EBOOK : 978-2-296-53172-7

AFFAIRE (L') HISSÈNE HABRÉ
Aspects judiciaires nationaux et internationaux
Sall Alioune
Préface de Abdoul Gourmo Lô
Cet ouvrage est celui d'un décryptage ordonné, méthodique d'une instance judiciaire en déploiement hégélien... L'auteur nous invite à un presque récit philosophique d'un droit en perpétuelle réinvention, du fait des nécessités de notre temps dont l'Affaire Habré est une belle illustration.
(12.00 euros, 96 p.)
ISBN : 978-2-296-99549-9, ISBN EBOOK : 978-2-296-52994-6

DES GROTTES DU DARFOUR À L'EXIL
Chronique d'une lutte inachevée
Haggar Hissein Idriss
Préface d'Acheikh Ibn-Oumar
De juin 1992 à 1995, une guérilla oppose l'armée tchadienne, épaulée par les Soudanais, aux combattants du Conseil national de redressement du Tchad, dirigé par le colonel Abbas Koty Yacoub. Ce petit groupe armé, retranché dans les grottes du Darfour, mena une résistance acharnée et courageuse contre le régime dictatorial et clanique du président Idriss Déby, avec des moyens dérisoires. Ce sont les mouvements de ces combattants, leur vie quotidienne jalonnée d'attentes, d'emprisonnements et de combats, que décrit cette chronique.
(Coll. Pour mieux connaître le Tchad, 31.00 euros, 302 p.)
ISBN : 978-2-336-29162-8, ISBN EBOOK : 978-2-296-51599-4

NOMS (LES) DE PERSONNES CHEZ LES NGAMBAYES DU TCHAD
Maikoubou Dingamtoudji
Cet ouvrage dresse un répertoire des noms propres de personnes chez les Ngambayes du Tchad. Chaque nom peut être considéré comme un message qui nous renseigne, soit sur les circonstances qui ont présidé à la naissance de l'enfant, soit sur des expériences vécues par les parents ou le clan au moment de la naissance. Les noms ngambayes parlent. Voici mis en valeur ces joyaux du génie de la langue ngambaye.
(Coll. Etudes africaines, 13.50 euros, 126 p.)
ISBN : 978-2-336-00506-5, ISBN EBOOK : 978-2-296-51186-6

CINQUANTE ANS DE LA VIE DE L'EGLISE CATHOLIQUE AU TCHAD
Épreuves et espérance
Vandame Charles
Missionnaire au Tchad depuis plus de 50 ans, l'auteur livre ses réflexions. Les missionnaires catholiques ont-ils vraiment respecté les cultures et religions africaines traditionnelles ? Comment l'Église catholique gère-t-elle ses relations avec les Églises protestantes et avec le culte musulman ? Comment se passe la rencontre entre la culture africaine, marquée par un fort esprit communautaire, et la culture moderne, marquée par un extrême individualisme ?
(Coédition Al Mouna, 14.00 euros, 136 p.)
ISBN : 978-2-336-00109-8, ISBN EBOOK : 978-2-296-50902-3

DÉVELOPPEMENT (LE) DE L'ÉDUCATION EN AFRIQUE SUBSAHARIENNE
Exemple du Tchad
Hagam Salé
Après avoir démontré que les acquisitions des élèves restent inférieures aux ressources mobilisées, cette étude, à travers l'exemple du Tchad, propose des pistes en vue de l'amélioration organisationnelle des systèmes éducatifs des pays d'Afrique subsaharienne.
(Coll. Éducations et sociétés, 30.00 euros, 304 p.)
ISBN : 978-2-336-00310-8, ISBN EBOOK : 978-2-296-50953-5

ÉLOGE DE L'AMITIÉ FRATERNELLE
Abdel-Rhamane Haggar Ali
L'auteur, militant des droits de l'homme et de la non-violence, s'interroge dans cet ouvrage sur ce qu'est être tchadien aujourd'hui.
(Coédition Al Mouna, 16.50 euros, 162 p.)
ISBN : 978-2-336-00067-1, ISBN EBOOK : 978-2-296-50854-5

TCHAD (LE) SUR LA VOIE DE LA RENAISSANCE
Ngardiguina Abdoulaye - Préface de Hassan Sylla Bakari
Le 1er décembre 2010, date de la commémoration de la 20e édition de la Journée de la Démocratie et de la Liberté, le président de la République du Tchad annonce l'an 1 de la Renaissance. Une nouvelle page de l'histoire du pays venait de s'ouvrir. *Le Tchad sur la voie de la Renaissance* est une analyse du discours fondateur de cette ère nouvelle.
(Coll. Harmattan Cameroun, 12.50 euros, 112 p.)
ISBN : 978-2-296-99103-3, ISBN EBOOK : 978-2-296-50198-0

AUTOUR DU LAC TCHAD
Enjeux et conflits pour le contrôle de l'eau
Bertoncin Marina, Pase Andrea
Depuis les années 1960, des projets de développement fondés sur des techniques modernes d'irrigation se sont installés tout autour du lac Tchad, dans la certitude de vaincre ainsi les sécheresses récurrentes. Dans ce contexte, le projet d'irrigation n'a pas seulement pour but la modernisation de la production : il intervient en profondeur sur les relations entre population et territoire, en modifiant les dynamiques sociales et celles du pouvoir.
(Coll. Etudes africaines, 36.50 euros, 360 p.)
ISBN : 978-2-296-99057-9

UNE SAISON AU TCHAD
Juillet 1979-février 1985
Soubeste Claude
Dans un récit rehaussé d'anecdotes truculentes, cocasses ou dramatiques, l'auteur évoque les péripéties de sa mission consulaire à N'Djamena, de son séjour en Guinée équatoriale, voyage au bout de l'ennui, et de son ambassade au Tchad pendant les années de guerre civile.
(Coll. Mémoires du XXe siècle, 14.00 euros, 132 p.)
ISBN : 978-2-296-96835-6

L'HARMATTAN ITALIA
Via Degli Artisti 15; 10124 Torino

L'HARMATTAN HONGRIE
Könyvesbolt ; Kossuth L. u. 14-16
1053 Budapest

L'HARMATTAN KINSHASA
185, avenue Nyangwe
Commune de Lingwala
Kinshasa, R.D. Congo
(00243) 998697603 ou (00243) 999229662

L'HARMATTAN CONGO
67, av. E. P. Lumumba
Bât. – Congo Pharmacie (Bib. Nat.)
BP2874 Brazzaville
harmattan.congo@yahoo.fr

L'HARMATTAN GUINÉE
Almamya Rue KA 028, en face
du restaurant Le Cèdre
OKB agency BP 3470 Conakry
(00224) 657 20 85 08 / 664 28 91 96
harmattanguinee@yahoo.fr

L'HARMATTAN MALI
Rue 73, Porte 536, Niamakoro,
Cité Unicef, Bamako
Tél. 00 (223) 20205724 / +(223) 76378082
poudiougopaul@yahoo.fr
pp.harmattan@gmail.com

L'HARMATTAN CAMEROUN
BP 11486
Face à la SNI, immeuble Don Bosco
Yaoundé
(00237) 99 76 61 66
harmattancam@yahoo.fr

L'HARMATTAN CÔTE D'IVOIRE
Résidence Karl / cité des arts
Abidjan-Cocody 03 BP 1588 Abidjan 03
(00225) 05 77 87 31
etien_nda@yahoo.fr

L'HARMATTAN BURKINA
Penou Achille Some
Ouagadougou
(+226) 70 26 88 27

L'HARMATTAN SÉNÉGAL
10 VDN en face Mermoz, après le pont de Fann
BP 45034 Dakar Fann
33 825 98 58 / 33 860 9858
senharmattan@gmail.com / senlibraire@gmail.com
www.harmattansenegal.com

L'HARMATTAN BÉNIN
ISOR-BENIN
01 BP 359 COTONOU-RP
Quartier Gbèdjromèdé,
Rue Agbélenco, Lot 1247 I
Tél : 00 229 21 32 53 79
christian_dablaka123@yahoo.fr

Achevé d'imprimer par Corlet Numérique - 14110 Condé-sur-Noireau
N° d'Imprimeur : 118105 - Dépôt légal : avril 2015 - *Imprimé en France*

www.ingramcontent.com/pod-product-compliance
Lightning Source LLC
LaVergne TN
LVHW010431230826
846092LV00009BA/1117

* 9 7 8 2 3 4 3 0 3 0 2 5 8 *